基于教育大数据的
教师专业成长丛书

王陆 ◎ 丛书主编

基于课堂教学行为大数据的
课堂观察方法与技术

王陆 张敏霞 ◎ 著

北京师范大学出版集团
BEIJING NORMAL UNIVERSITY PUBLISHING GROUP
北京师范大学出版社

图书在版编目(CIP)数据

基于课堂教学行为大数据的课堂观察方法与技术/王陆，张敏霞著.—北京：北京师范大学出版社，2019.8(2025.9重印)
(基于教育大数据的教师专业成长丛书)
ISBN 978-7-303-25005-9

Ⅰ.①基… Ⅱ.①王… ②张… Ⅲ.①远程教育－课堂教学－教学研究－中小学 Ⅳ.①G632.421

中国版本图书馆 CIP 数据核字(2019)第 166349 号

出版发行：北京师范大学出版社 https://www.bnupg.com
北京市西城区新街口外大街 12-3 号
邮政编码：100088

印　刷：	北京虎彩文化传播有限公司
经　销：	全国新华书店
开　本：	730 mm×980 mm　1/16
印　张：	15.75
字　数：	210 千字
版　次：	2019 年 8 月第 1 版
印　次：	2025 年 9 月第 5 次印刷
定　价：	35.00 元

策划编辑：栾学东　林　子	责任编辑：林　子
美术编辑：焦　丽	装帧设计：焦　丽
责任校对：陈　民	责任印制：马　洁

版权所有　侵权必究

读者服务电话：010-58806806
如发现印装质量问题，影响阅读，请联系印制管理部：010-58806364

内容介绍

本书按照认识事物的一般规律,从感悟、理解、掌握、反思四个层次系统介绍了基于课堂教学行为大数据的课堂观察方法与技术,着重通过生动的课堂观察应用案例帮助读者感悟课堂观察方法的魅力及其对教师改进教学行为的作用,每种方法的学习都提供了多个翔实的案例与分析,以引导读者深入理解这些常用的课堂观察方法与技术,进而更好地掌握它们,深入体会、反思课堂观察方法与技术对教学实践行为的诊断与改进作用,从而建立起对课堂观察方法与技术理性、客观的认识。

丛书总序

2012年北京师范大学出版社出版了由我任总主编的远程校本研修丛书，包括《课堂观察方法与技术》《教学反思方法与技术》和《教师网络研修活动设计方法与技术》三本著作。这三本著作以2009年以来由我任课题负责人所做的教师在线实践社区项目（简称"靠谱COP项目"）和由我任首席专家的"国培计划（2011）中小学骨干教师研修项目"中的高中数学集中培训与远程校本研修一体化试点项目（简称"一体化项目"）的研究实践及研究案例为基础，勾画出了以课堂教学行为大数据为基础的教师混合式研修的新方法与新技术，出版7年来，该套丛书受到了广大读者的高度好评和喜爱。

时光荏苒，岁月如梭，转瞬已经过去了7年。随着科学技术的迅猛发展，信息时代教育治理的新模式，以及"互联网＋"的人才培养模式正在成为研究的焦点，从应用切入深度融合的教育信息化2.0时代已经来临。在这7年中，我们以课堂为研究田野，我所领导的科研团队也通过在全国17个省、近300所学校，面向近1万名教师的深入课堂和深入学校的研究中，逐渐完善起基于课堂教学行为大数据的研究方法论，在原有远程校本研修丛书的基础上，进行了继承性创新，补充了大量的研究实例和研究数据，提出了更多的研究方法，形成了这套基于教育大数据的教师专业成长丛书，包括《基于课堂教学行为大数据的课堂观察方法与技术》《基于课堂教学行为大数据的教学反思方法与技术》《教师网络研修活动设计方法与技术》和《基于教育大数据的知识发现方法与技术》四本著作。

在这7年中，伴随我们在中小学开展的课堂教学行为大数据的深入研究，我们无时无刻不感受着古德和布罗菲所说的课堂之美：课堂是质朴的、守成的、思辨的、分析的、批判的、创新的、激昂的；课堂是思想生命的火花的碰撞与展现，是情不自禁从灵魂深处流露出的不断滋润精神之园的甘泉的发源地(Good & Brophy, 2017)。我们享受着研究带来的深层快乐，我们也深刻地感悟着课堂的复杂多变性：共时性、不可预料性、错综复杂性、非间接性和公开性，迎接着一个接一个研究难题的挑战。

虽然，大数据目前还没有一个全球公认的定义，作为这套丛书的总主编，我认为，大数据即海量的资料，指的是专业领域中所创造的大量非结构化和半结构化数据。大数据具有4个特点：大容量(Volume)、多样性(Variety)、高速度(Velocity)和多维价值(Value)(简称"4V")。正如大数据的定义一样，课堂教学行为大数据目前也不存在一个公认的定义。但是，我想可以借用我们对大数据的认识，对课堂教学行为大数据做一个定义，课堂教学行为大数据是指，在课堂情境中，伴随教与学过程而产生的大规模、多样性、蕴含了丰富的教与学含义的非结构化与半结构化的特殊数据集合。经过19年的课堂教学行为大数据的研究，我们发现，目前中小学课堂中的教学行为大数据共有4种类型：模式数据、关系数据、结构数据和行为数据。模式数据是指反映教学模式要素及要素之间关系的数据。关系数据是指反映课堂中行动者之间的相互关系结构的数据。结构数据是指反映为完成一定的教学目标，构成教学的诸因素在时间、空间方面所呈现的比较稳定的倾向及流程的数据。行为数据是指反映教与学行为主体特征的数据。

自从2000年我决定率领团队开始进行课堂教学行为大数据研究至今，已经过了整整19个年头。19年来，我们在深入中小学课堂，与中小学教师组成密切研究共同体的过程中，越来越清晰地感受到，只有当教师具体的教学行为在课堂教学行为大数据中清晰可见且被条分缕析时，只有当教师拥有了对课堂行为的描述和表达能力并建立起概念系统时，教师才会增强其对课堂中所发生的所有事情的认识，也才真的会发生行动中反思和行动后反思。

课堂教学行为大数据是一种无形资产，是教师和学校专业发展的重要资源。2016年10月13日《光明日报》整版报道了我们的研究，并且在"编者按"中指出：大数据时代，来自课堂教学行为的大数据，不仅可以帮助我们清晰地认识不同教育发展水平的地区教师课堂教学行为的差异与特点，从而助力中等和薄弱地区的学校与教师通过改进课堂教学行为实现课堂教学质量的提高；同时，课堂教学行为大数据还可以促进优质教育区域更快地总结概括出课堂教学的优秀经验和优秀教师的实践性知识，从而实现教育优质资源在知识层面的共享与传播，助力教育均衡化发展。

正如《大数据时代》一书的作者所说，互联网世界的变化速度与日俱增，但万变之中有一点不曾变过，就是通过互联网，大数据将改变一切，可能超越我们所有人的想象。课堂教学行为大数据透视出的不仅仅是本套丛书中提到的各种现实问题，也为撬动教育供给侧的改革提供了思路。运用大数据分析方法与技术，寻找到教育教学中的真正短板，开发出面向广大中小学教师的专业发展公共服务，有效推进教师培训与研修的结构调整，矫正相关要素的配置扭曲，提高教师专业学习与培训研修的供给结构，有的放矢地实施供给侧改革是我们"靠谱COP"团队的责任与愿景。我们坚信，课堂教学行为大数据将在教师教育供给侧改革中扮演越来越重要的角色。

本套丛书由首都师范大学博士生导师、"靠谱COP"联盟首席专家王陆教授进行总体设计。同时，王陆教授与张敏霞副教授共同担任了《基于课堂教学行为大数据的课堂观察方法与技术》及《基于课堂教学行为大数据的教学反思方法与技术》两本书的作者，并负责《基于课堂教学行为大数据的教学反思方法与技术》一书的统稿工作；王陆教授与马如霞副教授一起担任了《基于教育大数据的知识发现方法与技术》一书的作者。张敏霞副教授负责《基于课堂教学行为大数据的课堂观察方法与技术》的统稿工作。首都师范大学杨卉教授与冯涛副教授担任了《教师网络研修活动设计方法与技术》一书的作者。首都师范大学的硕士研究生房彬、刘霜和罗一萍同学参与了《基于课堂教学行为大数据的课堂观察方法与技术》一书的编写工作；中央电化教育馆的张静然副研究员及首都师范大学的硕士研究生张薇、刘文彬、马晔和林子同学参与了《基于课堂教学行为大数据的教学反思方法与技术》一书的编写工作，其中张静然同志还参与了《基于课堂教学行为大数据的教学反思方法与技术》一书的统稿工作；首都师范大学的硕士研究生张莉、耿雪和李爽同学参与了《教师网络研修活动设计方法与技术》一书的编写工作，北京优学社教育咨询服务有限公司的数据分析工程师彭功老师、首都师范大学的张敏霞副教授、首都师范大学的博士研究生张薇及三位硕士研究生李瑶、李旭和任艺参与了《基于教育大数据的知识发现方法与技术》部分撰写工作。

感谢在首都师范大学现代教育技术重点实验室做国内访问学者、来自内蒙古农业大学外语学院的陈金凤副教授，陈金凤副教授参加了本次丛书再版的修订工作，为本书的再版工作付出了智慧和辛勤的劳动。感谢北京优学社教育咨询服务有限公司对本套丛书修订工作的支持。

感谢首都师范大学教育技术系董乐老师、司治国老师对本套丛书撰写所提供技术上的各种支持与精神上的热情鼓励，感谢北京优学社教育咨询服务有限公司的工程师王鹏，有你们的无私陪伴与幕后奉献，才使得我们这个团队能够不断向前。感谢参与"国培计划（2011）"中小学骨干教师研修项目中的高中数学集中培训与远程校本研修一体化试点项目的全体老师，感谢参与"靠谱COP"项目的全体老师，是你们的智慧贡献和全力投入才使得我们能拥有今天的成果与成绩，你们的课堂绩效改进和学生的进步一直是我们最大的心愿。也要衷心感谢参与"一体化项目"和"靠谱COP"项目的全体助学者同学们，是你们的创造性工作才使得我们这个共同体生机勃勃，不断焕发出年轻生命的动人活力。

本书之所以能够顺利完成，还应该感谢北京师范大学出版集团北京京师普教文化传媒有限公司栾学东董事长的指导和大力帮助，以及对本套丛书作者的关怀与理解。本套丛书的责任编辑林子，作为曾经担任过 3 年"靠谱 COP 项目"的助学者，满怀热情地投入本套丛书的策划与实施工作中，认真、细致、严谨地完成了书稿的各项编辑工作，使得本套丛书能够顺利出版。

  本套丛书参考与引用了国内外大量的资料，其中的主要来源已在参考文献目录中列出，如有遗漏，恳请原谅。由于作者经验与学识所限，加上时间紧迫，书中谬误之处在所难免，欢迎读者指正。

王陆于北京

2019 年

目 录

模块一　感悟课堂观察方法与技术 / 1

学习导入 / 2

案例赏析：案例1-1　课堂观察促进教师成长 / 2

 案例背景 / 3

 探究式教学第一课：光合作用的发现 / 4

 探究式教学第二课：种子萌发的条件 / 6

 探究式教学第三课：鉴定骨的成分 / 9

 对探究式教学的认识 / 11

 案例分析 / 13

案例赏析：案例1-2　结构式课堂观察 / 14

 案例背景 / 14

 教学过程 / 15

 课堂观察数据 / 19

 教学改进建议 / 21

 反思与感受 / 22

 案例分析 / 22

观点辨析：两类课堂观察方法 / 23

专家讲座：课堂观察的基本概念 / 24

 课堂观察的发展历史 / 24

 课堂观察的定义 / 27

课堂观察的特性 / 28

　　课堂观察的意义 / 30

　　课堂观察方法的分类 / 32

　　课堂观察的基本步骤 / 36

观点辨析：课堂观察与平时听课 / 38

　　课堂观察：从"感性描述"走向"理性实践" / 39

　　听评课：一种新的范式 / 40

反思练习：课堂观察方法的分类 / 43

模块二　理解课堂观察方法与技术 / 45

学习导入 / 46

专家讲座：课堂观察田野笔记 / 46

　　定性课堂观察方法 / 46

　　课堂观察田野笔记方法 / 48

　　课堂观察田野笔记的记录方式 / 50

案例赏析：案例 2-1　无声的课堂 / 51

　　案例背景 / 51

　　课前准备 / 51

　　课堂观察田野笔记 / 53

　　案例分析 / 54

案例赏析：案例 2-2　循环小数的意义和特征 / 55

　　案例背景 / 55

　　课堂观察田野笔记 / 56

　　案例分析 / 62

案例赏析：课堂观察田野笔记 / 62

　　案例 2-3　函数的定义域和值域 / 62

案例 2-4　椭圆的简单几何性质 / 65

　　案例 2-5　幂函数 / 68

　　案例 2-6　陶罐和铁罐 / 70

　　案例分析 / 78

观点辨析：课堂观察田野笔记与普通听课笔记 / 79

专家讲座：记号体系分析方法 / 80

　　什么是记号体系分析方法 / 80

　　常用的记号体系分析方法 / 83

　　记号体系分析方法的优缺点 / 96

案例赏析：记号体系分析方法 / 97

　　案例 2-7　田忌赛马 / 97

　　案例 2-8　在生活中发现肌理 / 99

　　案例 2-9　不一样的电路 / 101

　　案例 2-10　轴对称图形 / 103

专家讲座：编码体系分析方法 / 105

　　什么是编码体系分析方法 / 105

　　两种典型的编码体系分析方法 / 106

　　案例 2-11　应用 S-T 分析方法对教师个体进行研究 / 117

　　案例 2-12　应用 S-T 分析方法对教师群体进行研究 / 119

案例赏析：编码体系分析方法 / 122

　　案例 2-13　This is my sister / 122

　　案例 2-14　营造地表形态的力量 / 124

　　案例 2-15　东方之珠 / 126

　　案例 2-16　配制一定溶质质量分数的溶液 / 128

观点辨析：记号体系分析方法与编码体系分析方法 / 130

模块三　掌握课堂观察方法与技术 / 133

学习导入 / 133

专家讲座：记号体系分析方法中的数据收集与分析 / 134

　　记号体系分析方法中的数据收集工具 / 134

　　记号体系分析方法中的数据收集 / 135

　　案例 3-1　关注三角形的外角 / 137

　　记号体系分析方法中的数据分析 / 149

观察练习：记号体系分析方法 / 149

专家讲座：S-T 分析方法中的数据收集与分析 / 156

　　S-T 分析方法中的数据收集 / 156

　　S-T 分析方法中的数据分析 / 161

观察练习：S-T 分析方法 / 165

　　采样练习 / 165

　　图示练习 / 166

模块四　反思课堂观察方法与技术 / 171

学习导入 / 172

案例赏析：课堂观察报告 / 172

　　课堂观察报告的组成 / 172

　　案例 4-1　"基本不等式"课堂观察分析报告 / 174

　　案例 4-2　"短歌行"课堂观察分析报告 / 184

案例赏析：课堂观察助我成长 / 193

　　案例 4-3　课堂观察助我成长——在横向比较中聚焦发展方向 / 193

　　案例 4-4　课堂观察助我成长——在纵向比较中验证改进效果 / 199

　　案例 4-5　课堂观察助我成长——群体教师教学实践行为改进 / 205

评估调研：技术支持下的高中数学课堂教学行为研究 / 209
    问题的提出 / 209
    研究方法 / 211
    数据分析与讨论 / 213
    结论与建议 / 220

分享观点：理性看待课堂观察方法与技术 / 223
    来自教师的困惑 / 223
    来自校长的经验 / 225
    来自旁观者的质疑 / 226
    来自研究者的反思 / 227
    来自我们的反思 / 229

参考文献 / 231

模块一　感悟课堂观察方法与技术

建议时间：4 小时

说明

　　本模块引导您观摩与分析两个课堂观察应用案例，帮助您初步了解课堂观察的基本概念、特点、分类、意义等，体会课堂观察方法对教师改进教学行为的作用，并感悟两类课堂观察方法的特点与异同

核心概念

　　课堂观察　课堂观察的特性　课堂观察方法的分类

活动	主要作品
案例赏析	表 1-1　案例 1-1 记录分析表
观点辨析	表 1-2　案例 1-2 记录分析表
专家讲座	图 1-15　案例 1-1 与案例 1-2 的对比分析维恩图
反思练习	图 1-16　课堂观察与平时听课的对比分析维恩图
	图 1-17　课堂观察方法的分类概念图

◆ 学习导入

课堂是教育行为最常发生的地方,有效的课堂观察能为教育研究提供真实的第一手资料,并成为其有效的起点。课堂观察方法与技术是教师捕获课堂实践性知识的重要途径,是教师进行教学行为改进,即教师专业发展的起点,是校本研修的基本功。基于课堂教学行为大数据的课堂观察是课堂研究广为使用的一种研究方法,是指研究者带着明确的目的,凭借自身的感官(如眼、耳等)以及有关辅助工具(如观察表、录音及录像设备等),直接或间接(主要是直接)地从课堂情境中收集非结构化或结构化数据资料,并依据资料进行相应研究的一种教育科学研究方法。

本模块将通过两个课堂观察应用案例,引导您感悟课堂观察方法与技术的魅力及其对教师教学行为改进的作用,同时介绍课堂观察的基本概念、特点、分类和意义等,帮助您形成对课堂观察的感性认识。

◆ 案例赏析

案例 1-1 课堂观察促进教师成长

本案例来源于"北京市面向基础教育信息化教师专业发展基地项目(2003—2006)"。案例介绍了在大学支持下的校本研修中,研究小组使用定性与定量相结合的课堂观察方法,对一名具有 10 年教龄的成熟型教师从开放式观察到聚焦式观察、系统式观察的课堂观察过程及相应的观察结果。案例反映出课堂观察研究对这名成熟型教师的教学行为改进与教育信念变化具有显著影响。

·案例背景·

本案例来自北京市 JY 学校。该校创建于 1996 年,于 2003 年 9 月加入首都师范大学王陆教授主持的"北京市面向基础教育信息化教师专业发展基地项目",并拟定了学校的研究子课题——"引入信息技术提高青年教师综合理科的教学能力",该校的邢老师加入了课题组。邢老师是一名具有 10 年教龄的生物教师,担任学校科学课课题研究组的组长。邢老师积极热情、易于接受新事物、乐于接受挑战,在参加课题前已经开展了一段时间的探究式教学研究。王陆教授团队的研究小组决定对邢老师的探究式教学开展个案研究。

为了确保研究的顺利进行,研究小组和邢老师制定了课堂观察合作研究路线,如图 1-1 所示。在合作研究路线图中,邢老师和研究小组有着明确的行动路线:邢老师进行教学设计、课堂教学、自我反思,研究小组则参与教学设计、观察邢老师的课堂教学、对教学进行案例分析。看似各自独立的行动路线,却在每一步都有双方的共同参与,最后以反思会的形式做集体研讨,形成新的方案,再开

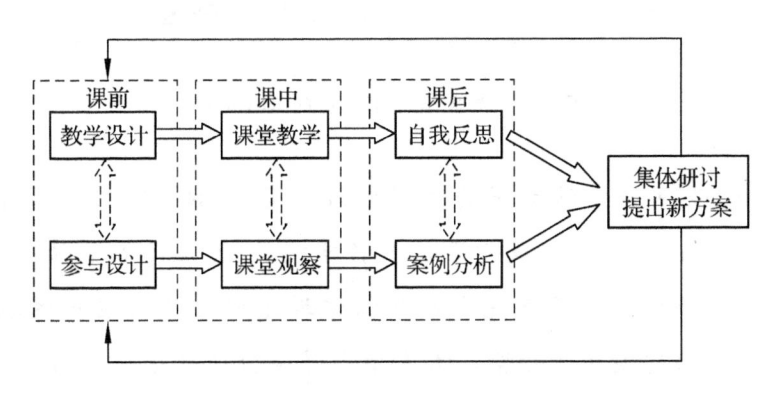

图 1-1 课堂观察合作研究路线图

始新一轮的研究。下面我们就一起走进研究小组与邢老师的探究式教学的研究之旅。

·探究式教学第一课：光合作用的发现·

邢老师上的第一节课是"光合作用的发现"，教学过程分为四个环节：观点质疑、实验分析、实验设计与归纳总结，教学中使用幻灯片(PPT)进行了简单演示。课后，研究小组运用 S-T 分析方法和弗兰德斯(Flanders)互动分析方法对邢老师的课进行了分析，结果如图 1-2 和图 1-3 所示。

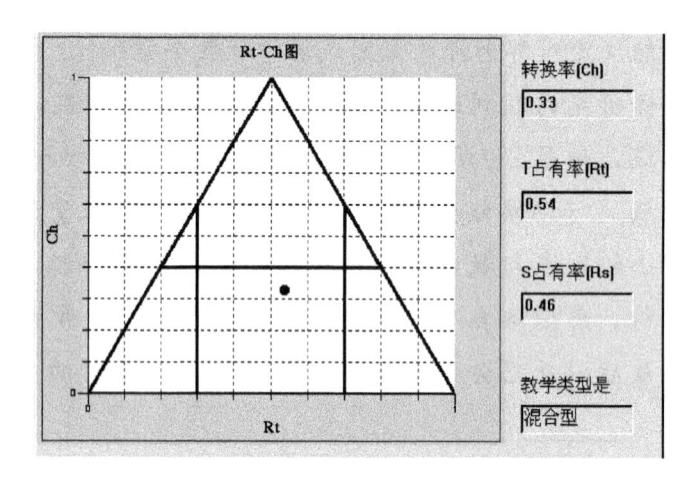

图 1-2 "光合作用的发现"的 Rt-Ch 图

由图 1-2 可知，这节课的教师行为占有率(Rt)为 0.54，师生行为转换率(Ch)为 0.33，属于混合型教学模式(黑点所在区域)。从 S-T 分析结果来看，这节探究式教学课体现了以学生为主体的教学理念，师生行为转换比较频繁，略高于当时该校所处区域的常模(Ch=0.28)。但要判定这节课是不是一节成功的探究式教学课，还需要由

		教师						学生				合计
		1	2	3	4	5	6	7	8	9	10	11	
教师	1					1	1						2
	2		4	4	1	1			1		2		13
	3		2	8	6	6	3				1		26
	4		1	1	61	12	16		51	12	7	2	163
	5	1	1		24	112	9		1		4	4	156
	6	1	2	2	14	5	23		13	3	12	4	79
	7												0
学生	8		1	9	39	9	7		130		2	4	201
	9			2	10	1	4		1	65	2		85
	10		2		5	4	15		4	3	55		88
	11				3	4	2			1	2		12
	合计	2	13	26	163	155	80	0	201	85	88	12	1650

图 1-3 "光合作用的发现"的迁移矩阵图

师生互动的质量、互动的图像图景及是否为探究创新型的互动等因素共同决定。由图 1-3 可知，这节课的弗兰德斯迁移矩阵呈现出一种"讲授—训练型"的图像，而并没有出现"探究—创新型"的图像，即教师主要通过提问让学生参与学习，学生更多时候处于被动学习状态。其中，"3-9"单元行为组（表示教师以学生的观点引领发展课程的行为）频次为 0，这反映出教师明显缺乏以学生的观点引领和发展课程的行为。显然，这节课的探究式教学模式实现得并不理想。

探究式教学需要教师引导学生发现问题，然后启发学生提出假设，并对假设进行检验，最终寻到解决问题的方法。目前邢老师在依据学生的观点来发展、引领课程的专业能力方面还显得不足。研究小组建议邢老师设计引发学生深入思考的教学情境，并开展小组合作学习，促进学生发现问题、提出问题，改善师生之间的交互行为。

·探究式教学第二课：种子萌发的条件·

两周后，邢老师根据新方案进行了"种子萌发的条件"的教学。在这节课中邢老师实现了几个变化：学习环境从普通教室变为生物课的实验室，邢老师采用了小组合作学习的形式，并在课前准备好了实验器材和实验报告单，实验报告单如图1-4所示。

```
班级：_____ 小组成员名单：_____
问题：种子萌发需要哪些条件？
实验研究：假设种子在_____的条件下能够萌发。
实验材料来源：_____
实验设计方案：_____
实验预期结果及简单分析：_____
实验观察与现象记录：_____
结果分析：_____ 得出结论：_____
小组共同学习总结：_____
知识掌握：种子萌发的必需条件是_____
经验积累：实验设计中要注意_____
```

图1-4 "种子萌发的条件"实验报告单

研究小组在进行课堂观察后，发现这节课的合作学习出现了很多问题，主要有以下几个方面。

1. 小组规模过大，出现小组分化现象

生物实验室的一个实验台可以坐四名学生，邢老师让前排的四名学生和后排的四名学生组成一个八人的合作学习小组。我们观察到，在合作学习时，课堂的声音特别嘈杂，只有大声说话才能让对方听到。有些小组中位置处于矩形对角线上的学生，在合作学习的 25 分钟内根本没有发生过一次基本的言语交流，如图 1-5a 所示；有些小组很自然地从中间分化成两个小组，如图 1-5b 所示，而小组分化现象是小组合作学习失败的典型标志。

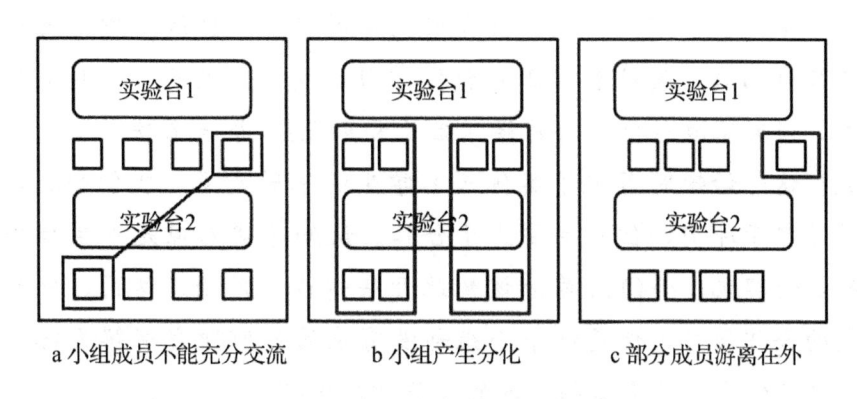

a 小组成员不能充分交流　　b 小组产生分化　　c 部分成员游离在外

图 1-5　课堂中小组合作现场模拟图

2. 部分学生游离于小组之外，无所事事

我们观察到，有一个小组在进行合作学习时，七名学生很投入地在讨论着课程内容，而另外一名学生却始终处于小组讨论圈之外，远远地看着其他人讨论，做实验时也没有参与其中，如图 1-5c 所示。这样的合作学习显然也是不成功的。

3. 一些小组由一名学生代劳，几乎完成了所有的任务

在观察中我们还发现，在一个小组中，一名学习成绩很优秀的女生不允许组内其他同学发言，不让他们动实验器材，也不许他们参与任何的实验操作。因为她的强势，致使其他成员无法动手操作，

有些成员甚至退出该小组,加入其他小组。而她却始终未发现自己这样做的不妥之处,依然自己一个人做实验、填写实验单,代表小组去做陈述。显然,这个小组的合作学习也是非常失败的。

4. 学生不会消解认知冲突

有一个小组在实验过程中出现了争议,五名学生意见一致,而另外三名学生持不同意见。当我们观察到学生产生认知冲突的时候都在暗自高兴,期待着真正的合作学习的发生。然而,令我们失望的是,当大家激烈争论的时候,组长大声说:"举手表决,少数服从多数!"这句话顿时否定了其他三名学生的不同意见。我们知道,合作学习起于冲突,但一定要止于合作。认知冲突本应是产生合作学习的最好契机,小组成员应该就此开展辩论、讨论、协商、评判等形式的合作学习,但是这个小组却没有采用任何冲突消解策略去解决,可见学生并没有掌握基本的合作学习技巧。

5. 没有建立评价机制

课后,我们观察到,有些学生抱怨说:"为什么他人不劳而获也能分享我的劳动成果?""什么合作学习!就是什么也不用做,照样有成绩呗。"这反映出这节课的评价机制出了问题。教师在进行小组合作学习评价时,应根据各个成员在小组中的不同分工和贡献给出不同的分数,而不是对同一小组的每个成员都给予同样的分数。

在课后集体反思研讨会上,我们将观察到的现象反馈给邢老师。邢老师坦诚地说了自己对合作学习的认识:"我以为只要以小组的形式进行学习,学生自然就会合作。"所以,邢老师没有考虑小组的组成和结构,也没有教给学生合作学习的技巧,更没有在小组合作的过程中给予合理的监督和指导。这就必然会导致"小组学习"只是"形似"而非"神似"，使小组活动流于形式，学习质量低下。研究小组向邢老师介绍了合作学习的教学设计，建议邢老师首先应对合作学习小组的结构进行设计，注意小组结构中的地位、角色、规范和权威四要素及其关系，通过教师的主导作用帮助学生开展组内的分工与合作。

·探究式教学第三课：鉴定骨的成分·

一个月后，邢老师进行了"鉴定骨的成分"的教学。这节课的学习环境和学习形式均与"种子萌发的条件"一课一致，学习任务为鉴定骨的成分。邢老师用面粉、淀粉、胶和动物骨头片做成了两种实验的原料，它们在质量和密度上非常接近，但其中一种用的是真的骨头，另一种用的是假的骨头，让学生设计实验鉴别真假骨头。上课前，邢老师除了准备好实验器材并在课前对学生进行简单的合作学习技巧辅导外，还准备了科学鉴定书，如图1-6所示。

课上，邢老师布置完实验任务，提出实验要求后，并没有让学生立即动手做实验，而是专门用两分钟的时间让学生在小组内选出组长、记录员、安全员和陈述人，并且根据实验的要求制定出本组的安全守则，防止危险事件的发生。在完成这些事项后，各小组成员才开始动手做实验，他们按照分工动手参与，同时又积极配合其他成员的工作，讨论紧张而热烈，小组活动开展得井然有序。邢老师设计的鉴定书和传统的实验报告不同。例如，邢老师没有像以前一样自己提出安全守则，而是让学生制定安全守则；而在"我们的新发现"一栏，邢老师把原来死板的模仿科学探究的实验，变成了一个真正具有科学探究意义的开放式研究。看似非常简单的小改动，却体现了邢老师的实践性知识的迅速增长。

```
                    科学鉴定书
         ─────────────────────────

         鉴定小组：_____   鉴定日期：_____

         组长：__ 记录员：__ 安全员：__ 陈述人：__

         鉴定材料：        ┌──────────┐
                          │  安全守则  │
         鉴定方法：        │          │
                          │          │
         应用原则：        └──────────┘

         实验现象分析：    ┌──────────┐
                          │ 我们的新发现│
         得出结论：        │          │
                          │          │
         其他鉴定方法：    └──────────┘
```

图 1-6　科学鉴定书

我们注意到，邢老师在进行教学设计时，考虑到小组结构中的两个要素——角色和规范。邢老师在课后的反思中写道：

> 在王陆教授等大学研究者的指导下，我开始有步骤地指导学生在合作时进行角色划分，使每位学生都能参与到学习中，并发挥自己的优势，有效地提高了学习效率。本节课的课堂气氛活跃，学生也开始喜欢这种学习形式。课下，还有学生围在我周围，讲述合作小组成员的长处。

随后，邢老师又参与了研究小组开发并组织的各种各样的研修课程，开始学会使用"Discovery探知学堂"支持自己的课堂；开始研究使用抛锚式教学设计；开始参与实验区的理论培训，主动学习各种理论，依据理论来设计教学，对探究式教学有了新的认识……

·对探究式教学的认识·

在研究小组刚刚开始与邢老师接触时，邢老师对探究式教学的理解还只是停留在简单的概念陈述层面。她是这样解释探究式教学的："探究式教学的关键是更新教学观念，只有把传统教学观念——'以教为主，传授知识'，转变为现代教育观念——'以学为主，培养能力'，才能体现探究式教学的实际意义。探究式教学应该是多途径的探究，或是科学实验的探究，或是实践应用的探究等。教育者必须具有探究的意识，如果能在常规教学中留给学生一定的探究空间，就会有助于学生思维能力的培养。"很显然，邢老师借用了一些文献中的观点，她最初对探究式教学的理解只是借用了他人的思想。

在课题研究进行到一年半的时候，邢老师对探究式教学的理解已经有了很大的改变。她认为，探究式教学以问题为起点，最终要达到课程的教学目标，如图1-7所示。学生在从探究的问题向目标前进的过程中是呈波浪式向前推进的，在经历若干次失败与成功后接近目标。可以看到，邢老师的策略知识、情境知识等实践性知识正在逐步增长。

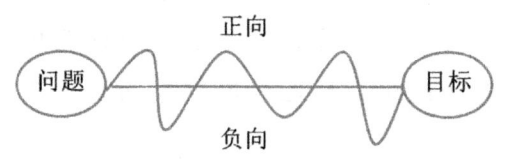

图1-7 课题中期邢老师理解的探究式教学图像

到课题结束时，也就是三年过去了，邢老师对探究式教学又有了新的理解。她认为，探究式学习的路径就像一个围棋盘，探究的问题在左下角，探究的目标在右上角，如图1-8所示。在围棋盘中有很多条通路都能够从左下角走到右上角，而在探究式教学中最重要的是，教师要学会并且能够实践：在不同的路径上，以恰当的形式、恰当的时间、恰当的方式和恰当的量去安放这些"粮堆"（如图中小圆点）。如果"粮堆"放得过多，探究式学习就非常容易从左下角走到右上角，因而也就失去了探究的意义；如果"粮堆"放得过少，在45分钟之内，教师根本没有办法让学生完成探究任务，学生遇到的困难太多，则有可能导致探究失败。这个"粮堆"即教育技术学的专业术语——"支架"。邢老师认为，探究式教学的关键点是学习支架的设计。

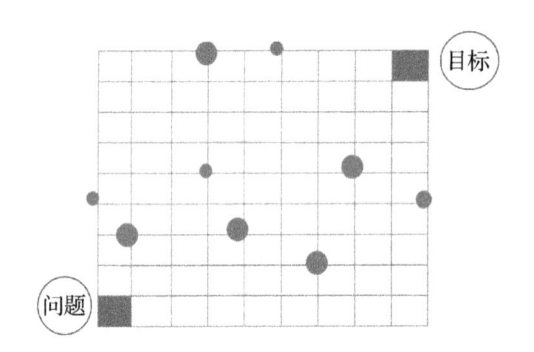

图1-8 课题结束时邢老师理解的探究式教学图像

从以上三节课例和邢老师对探究式教学的认识过程中可以明显看到，邢老师的实践性知识在迅速增长，与此同时，邢老师的教学实践也发生了显著的改进，她已经逐步建构起自己的关于探究式教学的理论框架。

·案 例 分 析·

请根据案例 1-1 的内容，填写记录分析表 1-1。

表 1-1　案例 1-1 记录分析表

分析主题	分析结果
案例 1-1 中，课堂观察的观察点是什么？	
您认为案例 1-1 所展示的课堂观察发现并解决了哪些课堂教学中的问题？	
您在以前的研究中使用过哪些课堂观察方法？您认为案例 1-1 的课堂观察法与您所使用的课堂观察法有哪些区别？	

案例赏析

案例 1-2　结构式课堂观察

本案例来源于全国教育科学"十一五"规划教育部重点课题——"教师网络教育活动的设计理论与实践"。研究表明,实施教学改革必须把大量的注意力放在改变课堂教学的语言上(蒋鸣和,2004)。本案例介绍了研究者使用结构式课堂观察方法,对一名新手教师的"关注三角形的外角"一课中的课堂问题类型及对话方式所进行的课堂观察过程及观察结果。案例反映出,语言是教师和学生教与学的关键工具之一,关注课堂教学中的师生对话,将极大地丰富与发展我们对教学过程的分析研究。记号体系分析方法是结构式课堂观察中的一种典型的分析方法,下面我们就通过"关注三角形的外角"案例来了解记号体系分析方法。

·案例背景·

张老师是四川省成都市 HX 中学的初中数学教师,是一名走上教师岗位仅 4 年的新手教师。经过 4 年的努力,张老师的数学课受到了同行和学生们的好评。张老师能够做到:课堂气氛轻松、语言诙谐幽默,与学生的互动较多;充分发挥现代教学媒体的作用,将数学课的教学内容与信息技术进行整合;将知识点细化并分层处理,循序渐进,激发学生的求知欲。张老师多次参加成都市组织的说课和教学大赛，并屡获殊荣。

张老师于2010年1月参加了首都师范大学王陆教授主持的教育部"十一五"重点课题——"教师网络教育活动的设计理论与实践（简称'靠谱COP'）项目"，成为其中的一员。"靠谱COP"（The Teacher's Online Communities of Practice）是指聚集在网络支撑平台中的，以提升教师职业适应能力，特别是以提升信息化环境中教师实践性知识与能力为核心目标的一种教师在线学习型组织。张老师希望通过参加"靠谱COP项目"，进一步改进自己的教学实践行为，以获得显著的专业发展。

下面我们一起走进张老师的初中二年级数学课——"关注三角形的外角"。这节课涉及的内容是一个十分重要的知识点，虽然概念并不难理解，但要求学生能够灵活掌握，因此教学有一定的难度。张老师课前做了精心而充分的教学准备，很有信心能够上好这节课。参加这节课的还有四位课堂观察者，他们将聚焦张老师提出问题的类型和课堂对话方式，分别从教师提问的类型、教师挑选回答问题的方式、学生回答的方式及教师回应的方式四个方面进行聚焦式观察。

·教学过程·

第一阶段：情境引入。

上课铃响了，张老师像往常一样信心满满地走上讲台。他首先播放了一首激动人心的歌曲——瑞奇·马丁演唱的 *The cup of life*，然后非常亲切自然地与学生们聊起了足球，并提到了自己最喜欢的球员——卡卡。随后，张老师抛出了卡卡遇到的问题：绿荫场上，

卡卡在 E 处拿到球，但受到阻挡需要传球，现在面临的问题是，为使射门不易射偏（只考虑射门的角度），他是将球传给 B 处的球员，还是传给 C 处的球员？请帮助卡卡做出选择，如图1-9所示。不管将球传给谁，都应该考虑到两个角的大小关系。由此，引入了这节课的内容——三角形的外角。

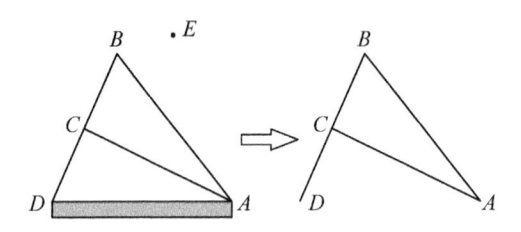

图1-9　球员卡卡传球示例图

第二阶段：探究新知。

接下来，张老师在交互式电子白板上画了一个三角形，并请一位学生画出这个三角形的外角。在学生画完后，张老师问道："你能说一下你是怎么画出外角的吗？"学生虽然会画，却不知如何表达。看到学生没有回答，张老师马上指着三角形的一条边，边比画其延长线，边向这位学生示意。学生看到教师的启发性动作后，顺利地说出答案，并由此得到了三角形外角的定义。

在学生们基本掌握了三角形外角的概念后，张老师便带领学生讨论三角形外角之间的关系，对话过程如下。

师：一个三角形有几个外角？

生：6个（少部分学生答3个）。

师：有的说3个，有的说6个，到底有几个？

生（齐答）：6个。

师：6个，对吧？在每一个顶点处有几个？（边问边在三角形的一个顶点处引出两条延长线,并标出对顶角。)

生(学生看到张老师标出对顶角后,马上齐答):2个。

师:同理,以 A 为顶点的外角有几个?

生(齐答):2个。

师:2个,好,三角形的外角有几个?这些外角有什么关系?都相等吗?有没有相等的?哪些相等?图上有没有?(边问边将图中另外两个顶点处的外角画出,并标出相等。)

生(齐答):有。

师:比如说∠BCD 和∠ACE,为什么?

生(齐答):对顶角。

师:因为是对顶角,对吧?同理,这几个角也相等(指着三角形的其他几个外角)。既然在同一个顶点做的两个外角是相等的,那么在考虑三角形外角和的时候是考虑6个,还是考虑3个?

生(齐答):3个。

师:当然是3个,很不错!

在学生们掌握了三角形外角的概念后,张老师带领他们进入了三角形外角与内角关系的学习。首先,张老师从交互式电子白板的资源库中拖出一幅图,如图1-10所示。

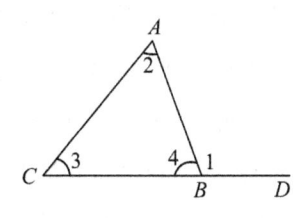

图1-10 课件展示示例图

并根据它设置了一些问题：

①在△ABC中，若∠2=60°，∠3=50°。则∠1=_____，∠1_____∠2(填">""<"或"=")。

②在△ABC中，若∠A=α，∠C=β。则∠ABD=_____。

第一个问题很简单，学生口算便齐答出了答案。第二个问题的难度明显加大，张老师请一位没有举手的学生回答。这位学生有些不自信，左顾右盼，希望得到周围同学的帮助。张老师看到后，马上鼓励这位学生："不要看其他同学，要相信自己。"同时，又将图放大了一些，以便学生能够看清楚。最终，这名学生在老师的鼓励下终于给出了正确答案。张老师也由此引导学生们得出了三角形外角的两个推论。

第三阶段：拓展应用。

得出推论后，张老师以一道计算三角形外角的简单题目为开端，进入本节课的拓展应用部分。张老师首先通过增加条件，提升了问题的难度；随后，又反复更改某一条件，求解原先的问题，但答案不变。学生们对此感到十分惊奇。张老师又改变了其中的另一条件，仍求解原先的问题，这次答案出现了变化。在学生思考之余，张老师追问道："大家发现了什么规律？通过这道题，类比我们得到的两个推论的学习过程，我们用到了什么样的数学研究方法？"通过这道题，张老师不仅引导学生发现了一个三角形外角的规律，而且向学生展示了一种数学的研究方法。之后，张老师带领大家回归初始，解决问题，帮助卡卡选择传球的队员并说明理由。

第四阶段：归纳总结。

最后，张老师与学生交流了本节课的收获，并进行归纳，总结了几何学习的方法:"大胆猜想,小心求证。"

·课堂观察数据·

下课后,课堂观察小组的成员们给出了如下的观察数据。

一、教师提出问题的类型

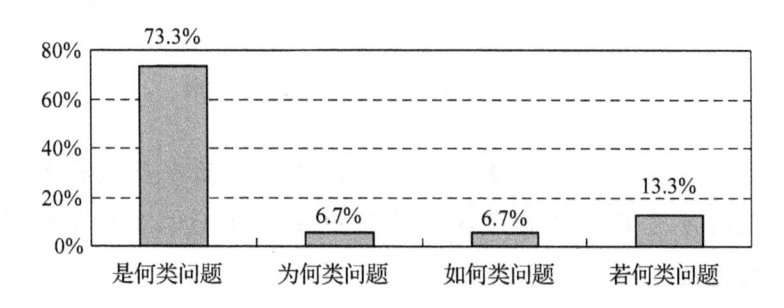

图 1-11　教师提出问题的类型分析图

张老师在这节课中提出的问题类型比例如图 1-11 所示。"是何类问题"占问题总数的 73.3%,"为何类问题"和"如何类问题"各占问题总数的 6.7%,"若何类问题"占问题总数的 13.3%。显然,张老师这节课中的"是何类问题"所占比例过大,而"为何类问题"和"如何类问题"所占比例过小。这样不仅没有保证大多数学生在教师引导下积极思考,而且也忽视了对个别学生的关注。这反映出张老师在调动学生的思维、激发学生问题解决能力的生成和培养学生问题解决能力的迁移方面做得不够好。

二、教师挑选回答问题的方式

张老师提出问题后,挑选回答问题的方式如图 1-12 所示。教师对 77.8% 的问题采用了让学生齐答或自由答的方式,这一方面反映

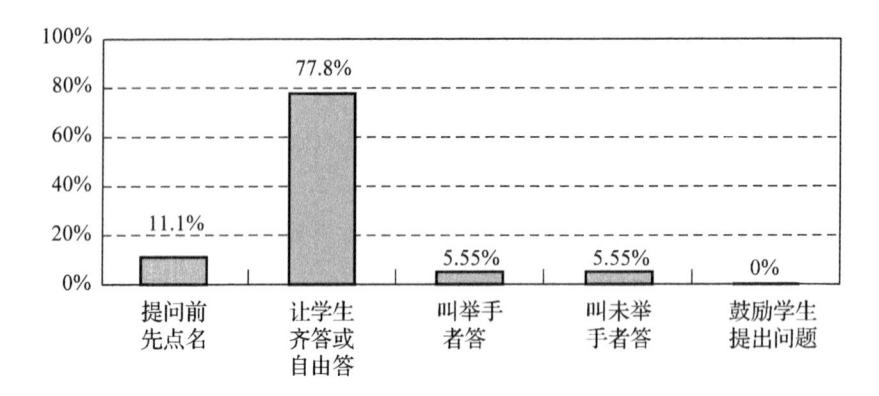

图 1-12　教师挑选回答问题的方式分析图

出问题的难度较低，学生很容易回答；另一方面也反映出教师对课堂的控制程度较高。张老师在这节课中没有鼓励学生提出问题，对学生发散思维能力的培养不够。

三、学生回答方式

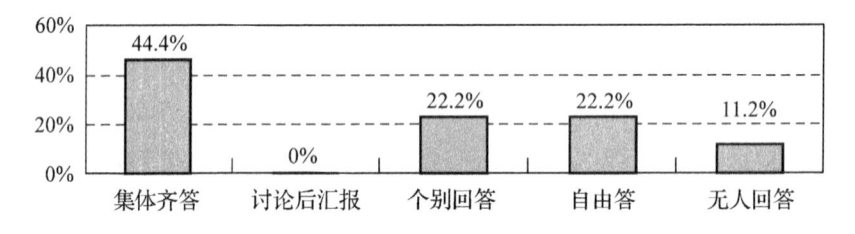

图 1-13　学生回答方式分析图

学生回答方式与教师挑选回答问题的方式相对应，如图 1-13 所示。集体齐答和自由答的比例较高（二者之和为 66.6%），个别回答的比例较低（为 22.2%）。建议张老师适当地增加个别学生回答的比例，以了解学生对课程内容的真正掌握程度。

四、教师回应方式

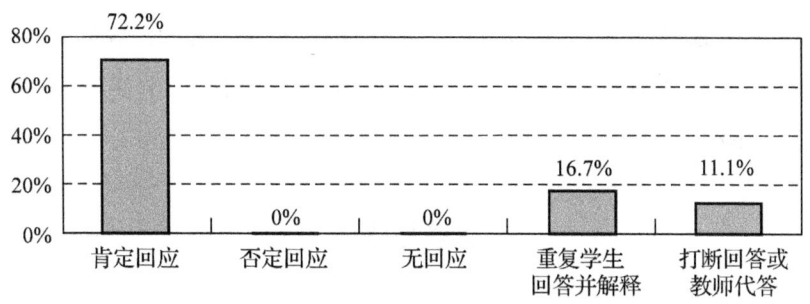

图 1-14 教师回应方式分析图

学生回答问题后，教师的回应方式如图 1-14 所示。大多数情况，教师都能给予学生肯定回应（72.2%），但也有重复学生回答并解释（16.7%）以及打断学生回答（11.1%）等情况存在。

·教学改进建议·

一、教师需要进一步提高基于数学课的问题设计能力

数学课中的问题设计应该注重层次性与系统性。在横向维度上，教学问题应该由"是何类问题—为何类问题—如何类问题—若何类问题"组成一个明显的迁移梯度；在纵向维度上，教学问题应该由"解决老问题—解决新问题—解决疑难问题—探究发现问题"等组成课堂活动序列，这样有助于激发学生问题解决能力的生成，并促进学生问题解决能力的迁移。

二、关注不同层次学生的课堂参与和互动

在问题类型上，建议增加"为何类问题""如何类问题"和"若何类

问题",这几类问题有助于激发学生问题解决能力的生成和促进学生问题解决能力的迁移,便于调动学生思维的积极性。与此同时,要注意在做问题设计时,还要设计多种学习支架,以使不同层次的学生都能积极参与课堂互动,从而弥补学优生活跃、学困生兴趣不高的课堂缺陷。

·反思与感受·

课堂观察中聚焦的问题不仅让张老师更加关注他在课堂中表现出来的细节问题,发现平时容易忽略的教学行为,而且为他的课后反思提供了更加全面深入的信息,从而促进其教学行为的改进,有利于其专业发展。张老师在"靠谱COP"网络平台上写道:

> 记号体系分析方法真的是一种既方便又实用的分析方法。相信在今后的教学中,我会运用这种方法开展有效的行动研究,带领我们初二年级组的全体教师获得更快更好的专业发展!

在接下来的教学中,张老师在教学设计和实施时特别注意了对问题的设计,丰富了问题的设置,并适当增加了"为何类问题"和"如何类问题"。这样不仅能保证大多数学生跟着老师思考,而且也能关注到个别学生,调动他们的思维,激发学生问题解决能力的生成和培养学生问题解决能力的迁移。我们很高兴地看到张老师正在向杰出教师迈进!

·案例分析·

请根据案例 1-2 的内容,填写记录分析表 1-2。

表 1-2　案例 1-2 记录分析表

分析主题	分析结果
您认为案例 1-2 中所应用的课堂观察方法的特点是什么？	
您认为案例 1-2 中的课堂观察的观察点是什么？	
您认为案例 1-2 中的课堂观察发现并解决了哪些课堂教学问题？	
您以前曾经使用过类似的课堂观察方法吗？您的感受和体会是什么？	

观点辨析

两类课堂观察方法

案例 1-1 采用了多种课堂观察方法对邢老师的系列探究式教学进行观察与分析，案例 1-2 采用了结构式课堂观察方法对张老师的一节课进行了观察与分析。请根据案例 1-1 和案例 1-2 的内容，在图 1-15 中，填写两类课堂观察方法的相同点与不同点。

填写方法：维恩图也称文氏图。您可以根据案例 1-1 与案例 1-2 的内容，将两类课堂观察方法的相同点填写在两圆相交的区域中，然后再将两类课堂观察方法的不同点分别填写在两圆不相交的区域中，完成对两类课堂观察方法的分析对比。

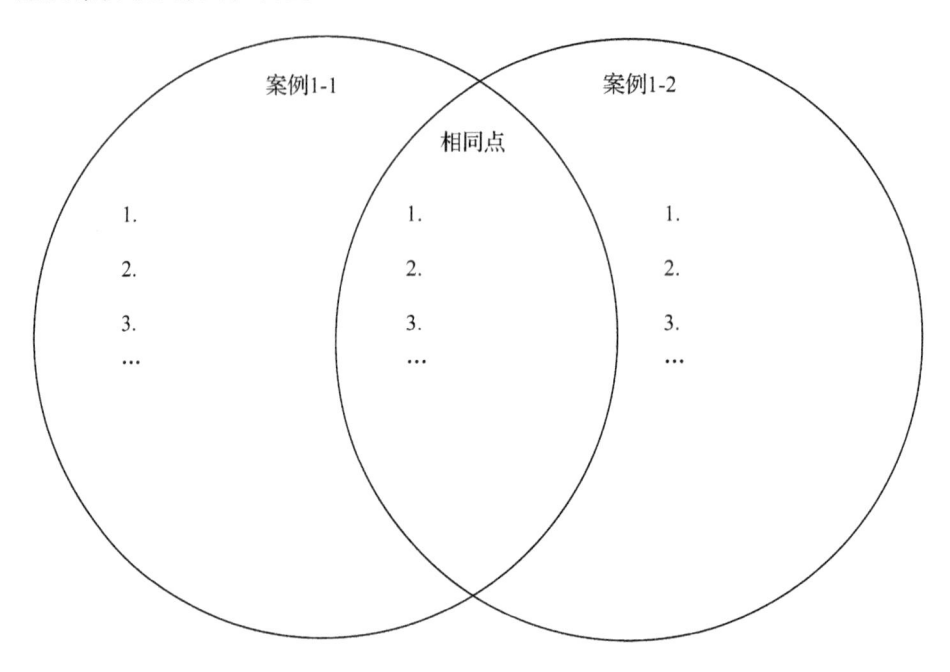

图 1-15 案例 1-1 与案例 1-2 的对比分析维恩图

◆ **专家讲座**

课堂观察的基本概念

·课堂观察的发展历史·

自从有课堂教学以来，观察课堂的行为就一直存在。课堂是教育行为最常发生的地方，有效的课堂观察能为教育研究提供真实的第一手资料，并成为课堂教学改进的有效起点。但是，作为一种科学研究方法的课堂观察至今仍然是"一项被遗漏的教师专业能力"(陈美玉,1998)。

课堂观察源于西方的科学主义思潮。在西方,课堂观察被运用到教育研究中,大致经历了三个阶段(崔允漷等,2007;杨玉东,2011)。

第一阶段,也称为探索阶段。课堂观察作为一种方法被引入教育研究领域。

20世纪二三十年代,自然科学中的观察、心理实验室中的观察以及在社会学和人类学研究中对特定群体对象的观察研究,影响了教育领域的研究者,他们开始尝试通过观察的方法研究课堂。20世纪50年代,观察方法在教育研究的文献中已经开始涌现。

第二阶段,也称为工具发展阶段。课堂观察的方法和工具大量涌现。

20世纪50至70年代,受教育研究中科学化思潮的影响,定量化、系统化、结构化的观察方法不断出现,研究者们不断探索系统性的观察记录体系,并运用到课堂研究中。其中的典型代表为美国社会心理学家贝尔思(R. F. Bales)于1950年提出的"互动过程分析"理论,开发了人际互动的12类行为编码,并以此作为课堂中小组讨论的人际互动过程的研究框架。在某种程度上,贝尔思的研究拉开了比较系统的课堂量化研究的序幕。而美国课堂研究专家弗兰德斯于20世纪60年代提出了"互动分析系统",即运用一套编码系统,记录课堂中的师生语言互动,分析、改进教学行为,标志着现代意义的课堂观察的开始。根据学者霍普金斯(Hopkins)在1993年所作的文献回顾,在这一时期的大约200个有代表性的系统观察量表中,大多数来自美国。可见,系统化、工具化的课堂观察在美国被大量开发,课堂观察的专业性和技术性得到很大发展。

第三阶段,也称为拓展研究阶段。课堂观察方法和技术围绕有效教学的探讨深入发展。

自20世纪70年代中后期以来,课堂观察被大量应用到课堂教学研究中，随着科学研究方法，尤其是教育科学研究方法的不断完善，编码表、项目清单等科学、量化研究工具的引入，录音机、录像机等媒体技术的发展，丰富了课堂观察手段与技术，使课堂观察更具可操作性。但是，量化的课堂观察在加深对课堂教学的描述和认识的同时，也无法掩饰其纯技术的缺陷。人们对于量化工具的"科学性"也开始质疑，一些基于解释主义和自然主义的定性观察方法重新引起重视，课堂观察中结合定量与定性方法研究教学的有效性成为主流。从 70 年代开始，人种志研究等质性研究方法开始用于课堂观察。完整的文字描述呈现了课堂全貌，使原本被剥离出来的课堂事件、课堂行为回归情境本身，从而使研究者利用个人经验能够更好地理解、诠释课堂。如罗森希恩和弗斯特（Rosenshine & Furst）综述了20 世纪 70 年代以前的研究者在使用课堂观察时潜在使用的有效教师的九种特征。艾奇逊和高尔（Acheson & Gall）在此基础上，结合现代媒体技术的发展（如录音、录像技术的普及），发展出针对有效教学特征的 21 种定量与定性相结合的课堂观察技巧。英国学者瑞格（Wragg）在 1999 年出版的《课堂观察简介》一书中指出，课堂观察技术具有很强的主观选择性，并从定量观察和定性观察两大维度对课堂观察方法做了系统梳理，反思了每一类方法的优劣所在。

以上三个阶段的划分并非泾渭分明，比如，在工具发展阶段也有很多研究者在使用定性的参与观察，这种划分不过是为了说明课堂观察方法在不同阶段体现出的主流发展趋势。课堂观察在西方沿着科学化的轨道，从单一走向多元，从定性到定量，再到定量与定性相结合，不断地深入发展，同时观察方法的理论也不断深入实践，成为研究者和教师有意识且经常使用的重要研究方法。

在我国，并非没有课堂观察方法的研究和应用，只是多被作为其他研究方法的辅助手段，尚未引起足够重视。教师对课堂观察方法使用的自觉程度很低，经验性成分较重，缺乏必要的课堂观察方法和框架的指导。课堂观察技术自 1995 年引入我国以来，经历了从研究者视野的理论探讨到课堂教学层面的实践应用,再到作为教师专业能力提升的工具三个阶段,其实践角度的工具价值已逐渐被一线教师所认可。课堂观察正逐步进入中小学的课堂教学研究活动中,成为提升教师专业能力的一条有效途径。

·课堂观察的定义·

课堂观察是课堂研究广为使用的一种研究方法。课堂观察方法是指研究者(观察者)带着明确的目的,凭借自身的感官(如眼、耳等)以及有关辅助工具(如观察表、录音和录像设备等),直接或间接地从课堂情境中收集非结构化或半结构化数据资料,并依据资料进行相应研究的一种教育科学研究方法(陈瑶,2002)。

课堂观察是一种教育研究方法。它将课堂中的问题具体化为序列观察点,将课堂中连续性事件拆解为一个个时间序列单元,将课堂中的复杂情境转化为一个个彼此联系的空间单元,并通过对序列观察点的时间与空间单元的定格、扫描、统计、描述与记录等操作,得出观察结果。课堂观察结果能够促进教师进行反思、分析、推论,并由此促使教师改进教学实践行为,最终达到优化教与学过程的目的。

课堂观察是一种连续的行为系统。它由确定观察目的、选择观察对象、聚焦观察行为、记录观察情况、处理观察数据、呈现观察结果等一系列不同阶段的连续行为构成。

课堂观察是一种工作流程,它包括课前准备、课中观察与课后信息处理分析三个阶段,形成了"确定问题—发现问题—分析问题—处理问题—解决问题"的面向问题解决的工作流程。基于课堂观察,教师认识、理解、把握课堂教学事件,澄清教学实践的焦点问题,并在数据分析的基础上反思教学行为,寻求新的教学改进策略与方式。

课堂观察是一种团队合作,它需要由既彼此分工又相互合作的科研团队完成。在课堂观察的整个过程中,每一个阶段都是教师之间多向互动(教师与教师之间的互动、教师与观察设备之间的互动及观察教师与被观察教师之间的互动)的过程。教师团队借助于课堂观察，探究、应对具体的课堂教学，课堂管理、学生学习等方面的问题，开展自我反思和专业对话，在改进课堂教学的同时，促使团队中的每一位成员都获得专业发展。在课堂观察的过程中，有的教师作为被观察者进行授课，有的教师作为观察者进行评课，每个人都有自己的角色。而评课时也不再是目的性不强的简单点评，而是带有明确的目的，运用具体的方法与技术进行观察分析。

·课堂观察的特性·

课堂观察具有目的性、系统性、理论性、选择性及情境性五大特性。

1. 目的性

课堂观察有明确的目的，即指向一定的教育现象和教育问题。通常在课堂观察之前就已经确定了此次课堂观察的目的，观察者是带着目的进行观察的。从选择观察方法、观察工具到确定观察内容等都要以能达成这一目的为前提。课堂观察的目的性同时也决定了它还具有一些其他特性。

2. 系统性

课前准备、课中观察到课后信息处理和分析，这整个过程都要围绕课堂观察的目的展开。在课堂观察的整个过程中，都有明确的计划，是一种整体的系统性行为。

3. 理论性

科学的观察离不开正确理论的指导。首先，课堂观察方法本身必须有一定的方法论作为依据。例如，偏于定量的课堂观察就基于实证主义和科学主义的理论，而偏于定性的课堂观察则基于解释主义理论。其次，课堂观察需要观察研究的教育现象或教育问题，也需要一定的教育理论作指导，教育理论指导我们正确解释教育的现象或问题，并引导教育现象或问题发展的正确走向。

4. 选择性

有意识、有目的地观察就意味着要有选择，任何一个课堂观察的工具体系都不可能记录显示课堂的所有方面。课堂观察有多种观察方法，其中每一种方法都有自己的观察侧重点。在课堂观察中，我们不可能对每一方面都进行全面细致的观察，而只能根据观察目的去选择性地观察记录某些方面的内容；同时，也正是由于选择性因素的存在，我们对选定的具体问题的观察更为细致和精确。选择性是课堂观察与生俱来的一个重要特性。

5. 情境性

课堂观察是在现场进行的研究活动，它可以在行为和事件发生的同时就予以记录，不但可以记录现场的第一手资料，而且还可以记录观察者只可能在现场产生的一些与研究主题相关的感受和理解（陈瑶，2000）。这就决定了课堂观察具有情境性，在课堂观察的过程中，应该做到具体问题具体分析，同一事件在不同的空间和时间背景下会产生不同的观察结果。观察的时候，要考虑行为事件是在什么背景下发生的，它的发生是必然的还是偶然的，导致这一事件发生的原因是否与当时的情境有关，而不能将行为事件与情境割裂，出现对行为事件的分析不到位的现象。

目的性、系统性、理论性、选择性和情境性是课堂观察最基本的特性，这些特性更多是从课堂观察与日常观察的区别方面而言的，它们使课堂观察具有清晰的研究目标，即激发教师的创新能力，提升教师的专业能力，改进教师的课堂教学实践和提高教师的专业水平。

·课堂观察的意义·

崔允漷、张爱军等研究者近年来在其著作、论文中都详尽地阐述了课堂观察的意义，现将他们对课堂观察意义的论述总结如下：

首先，作为一种质性研究和量性研究相结合的研究方法，课堂观察对于教师研究独具适切性，具有很高的方法论价值。质性研究和量性研究相结合高度契合教师研究的情境性、微型化特征。运用课堂观察法，既可以用质性手法"深描"课堂中的各种教学情境，体现教学的人文性；也可以适当统计各种量化指标，以加深对教师教学科学性的理解和认识。另外，课堂观察发生于教师熟悉的教学场域，有利于教师进入研究现场。教师以同侪身份进入"自己人"的课堂，认同感更强，更有利于课堂观察的开展。

其次，作为一种日常教学研究行为，课堂观察本身即有研究的意蕴，它是对课堂教育资源的再开发、再利用，使课堂这一教学现场变为研究现场。课堂的无限承载性使其蕴含了丰富的教育资源，这些资源原本以教学的面目"在场"，存在于一种"教学"过程之中，若其进入课堂观察的专业视域，已有的教学资源则富有研究的意蕴，变为以研究资源的面目"在场"，存在于一种"研究"过程之中。一线教师躬耕课堂的"田野式研究"是教师研究的实然范式。基于此，让课堂观察成为教师研究的常态形式是很有必要的。

再次，从课堂观察与教师研究目的的关系维度看，课堂观察以改善教学为主旨，直指教师研究之靶标。课堂观察立足于课堂，其研究目的是改善课堂教学，研究流程是围绕课堂教学而展开的。教师的课堂观察首先关注情境性问题的解决、教学实践的改善，其目的不仅在于"解释"，更在于"改造"。因此，无论是新入职教师还是成熟型教师，都可以在课堂观察中直接受益，可以迅速地将研究成果运用到自己的教学实践中。课堂观察更贴近课堂教学实践，它使得教师的研究务实而高效，兼具教师研究的功利性价值和非功利性价值；既能改善教师最重要、最现实的工作任务——课堂教学，也能帮助教师体验和收获教育科研的快乐。

最后，课堂观察架起了课堂教学和教育研究的桥梁，是提升教师研究水平、促进教师专业发展的现实途径。目前，教师从事研究的一大困难是从实践到研究的跨越。这种跨越并非从实践者到研究者的角色转换，因为教师从事研究的目的不是成为"专业理论研究者"，而是成为研究型的实践者。由于教学和研究分属于实践与理论两大阵营，二者具有相对的独立性，作为实践者的教师和作为研究者的理论工作者，承担了不同的社会分工。而从事研究的教师显然介于"实践家"和"理论家"之间，既不能脱离事务性很强的繁忙的教学工作，又要开展适宜的研究，以提升自己的专业水平，满足社会需求。因此，课堂观察不必进行宏大叙事与抽象的理论推演，而应"扎根"于教师熟悉的课堂，以改善教学为旨趣。"在教学中研究"，于教师有很强的亲和力和适应性。这种研究实现了从实践到研究的"无缝衔接"与"无痕转换"（张爱军，2011）。

综上所述，课堂观察是促进教师专业发展的重要途径之一。一方面是由于课堂观察的专业品性在于改善课堂学习效果、追求课堂内在价值，在观察的整个过程中进行平等对话、思想碰撞，探讨课堂学习的专业问题。另一方面是由于课堂观察即教师参与研究：教师参与研究是教师专业发展最重要且最有效的途径之一，而课堂作为教师教学的主阵地，是教师从事研究的宝贵资源；课堂观察促使教师由观察他人课堂而反思自己的教育理念和教学行为，感悟和提升自己的教育教学能力；无论是观察者还是被观察者，无论是处在哪个发展阶段的教师，都可以根据自己的实际需要，有针对性地进行课堂观察，从而获得实践知识，获得改进自己教学的技能，提升自己的专业素养；有质量的课堂观察就是一种研究活动，它在教学实践和教学理论之间架起一座桥梁，为教师的专业发展提供了一条很好的途径（崔允漷等，2008）。

·课堂观察方法的分类·

一、中医式与西医式的课堂观察方法

课堂观察主要用于"诊断"课堂教学,在课堂观察中有类似于中医和西医两种不同的教学诊断方法。

在课堂观察中,有一种类似于中医的观察方法。比如,一位有经验的教师听课后,可以马上和主讲教师(被观察教师)进行深入的交流。听课教师凭借自己头脑中的实践经验和实践知识,可以非常准确地抓住某节课中的问题、亮点,并提出一些改进的建议。这很像中医诊断和治疗的方法,即"望、闻、问、切"式的方法,这是定性的课堂观察方法。

除了中医式的质性的观察和研究方法外,随着信息技术的发展,特别是信息技术在教育科研中的应用,以及信息化教育科研方法的逐渐成熟,西医式的课堂诊断方法也已经非常成熟。我们可以借助录音、录像设备记录课堂的全过程,然后借助一些专用的分析软件或者专用的分析平台,对某节课做影像化、可视化的分析。比如,课堂的教学模式、课堂的教学结构、课堂的互动质量、课堂中的行为数据,以及它们所组成的迁移矩阵等,都可以用西医的方法来获得确切的数据和它们所呈现的影像,这样就可以丰富课堂观察的途径、方法和技术,这是定量的课堂观察方法。

无论是定量的课堂观察方法,还是定性的课堂观察方法都各有利弊,实际上,它们的综合使用才是我们解决课堂中的难点问题的重要途径。

二、课堂观察方法的分类

依据不同的分类标准,课堂观察可以划分为不同的类别,而分类的目的是更清楚地认识和利用课堂观察。比较常见的课堂观察方法分类如表1-3所示。

表 1-3 课堂观察方法分类表

类型编号	分类名称	分类依据	方法简介
1	自然观察	对观察的情境和对象是否进行严格控制。	在自然的课堂情境中不对观察对象进行任何控制所进行的课堂观察研究。
	实验观察		设计具有特殊要求的课堂情境并严格控制观察测量对象的课堂观察研究。
2	直接观察	观察者是否借用观察设备。	观察者亲临现场,凭借自己的眼睛、耳朵等感觉器官直接感知的课堂观察方法。
	间接观察		观察者借助录音、录像等设备或专用教室等专用环境进行的观察活动。
3	参与观察	观察者是否参与研究对象的活动。	观察者参与被观察者组织的各种课堂活动,通过与被观察者的多项互动,深入了解被观察者的行为模式与文化特征的一种课堂观察活动。
	非参与观察		观察者不介入被观察者的活动,只作为旁观者置身于课堂情境之外所进行的观察活动。
4	开放式观察	观察情境的范围及观察系统化的程度。	观察者持开放心态,尽可能开放地、真实地记录课堂情况,不做主观判断的一种观察。
	聚焦式观察		观察者确定观察焦点,即某个具体问题,并针对这个焦点问题进行的一种观察。
	结构观察		观察者采用记号或符号对要观察的事件进行统计性观察与记录的观察方法。
	系统观察		观察者利用编码量表等系统观察分析工具对课堂进行观察。
5	定量观察	搜集课堂资料的特征及属性。	以结构化方式收集资料,并且以数字化方式呈现资料的课堂观察。
	定性观察		以质化的方法收集资料,并且以非数字化的形式呈现资料的课堂观察。

1. 自然观察和实验观察

依据对课堂观察的情境和对象是否进行严格控制，可以将课堂观察分为自然观察和实验观察两类。自然观察就是对课堂观察的情境和对象不做任何严格控制。基本上，在常态课的情况下进行的观察就是自然观察。如果要对课堂观察的情境和对象进行严格的控制，比如，我们要观察某个班级的基于交互式电子白板情境下的教学，就需要进行实验观察。因为我们对情境进行了严格明确的界定，就是班级里要有教学装备——交互式电子白板。有时我们可能只对学困生进行观察，这个时候，其他类型的学生，如学优生就不纳入观察视野，这种将聚焦点就放在学困生，对观察对象进行严格控制的观察叫实验观察。

2. 直接观察和间接观察

依据观察者是否借用观察设备，可以将课堂观察分为直接观察和间接观察两类。如果观察者亲临现场，只凭借自己的眼睛、耳朵等感觉器官直接进行课堂观察，就是直接观察；如果研究者借助录音、录像等专用设备中进行观察，就是间接观察。

3. 参与式观察与非参与式观察

依据观察者是否参与研究对象的活动或者观察者在研究中扮演的角色，可将课堂观察分为参与式观察和非参与式观察两类。在进行参与式观察时，观察者要参与到被观察者组织的各种活动中，将自己作为一个参与者完成任务，参与课堂中的各种活动。这时，观察者和被观察者之间会发生互动，这种形式叫作参与式观察。非参与式观察是指研究者不介入被观察者的活动，只是作为一个旁观者置身于课堂情境之外所进行的观察。

4. 开放式观察、聚焦式观察、结构观察和系统观察

英国学者霍普金斯在《课堂观察指南》一书中，依据观察情境的范围及

观察的系统化程度，将观察分为开放式观察、聚焦式观察、结构观察和系统观察四大类。从开放式观察到系统观察是观察情境从开放到封闭、记录方式从定性到定量的一个不断过渡的过程。

在开放式观察中，观察者进入观察现场时持有一种开放的心态，对课堂现场进行全方位的观察记录，不聚焦到具体的问题，可能只是做一次课堂观察，想真实地观察被观察者的一些教育教学行为，没有特别规定哪一类教育教学行为是要专门关注的，这种情况下的观察通常被称为开放式观察。开放式观察一般适用于做课堂观察之初，或者当我们不太了解被观察教师的时候。

在聚焦式观察中，观察者要确定观察的焦点，有明确的观察目的和具体的问题，且只对焦点问题进行观察。比如，当我们的观察焦点问题是课堂中的提问时，与提问无关的教与学活动可能就不再进入我们的观察视线。聚焦式观察的着眼点小、针对性较强。

结构观察通常要求观察者采用记号或者符号对所观察的事件进行统计性观察与记录。比如，当我们想记录提问的类型时，一个教师在课堂中的提问可能发生了 28 次，但这 28 次提问中的问题类型不一定都是一样的，那么，我们可以约定用不同的符号表示不同的提问类型，如分别用 a，b，c，d 等表示，或用专业的记号体系中的记号来表示等。

系统观察是观察者利用编码量表等系统观察分析工具对课堂进行观察，同时它要形成一个时间轴上的连续的、几乎是不间断的，在一定时期内对某位观察对象的连续性观察，它比结构观察更为复杂和系统，也更为封闭。

5. 定量观察和定性观察

依据收集课堂资料的特征及属性，可将课堂观察分为定量观察和定性观察两类。所谓定量观察，就是指用结构化的方式收集资料，但是一定要以数字化的方式呈现资料的观察结果。定性观察主要是以质化的方式收集资料，并且以非数字化的形式（如文字等）呈现观察结果的一种课堂观察。

三、课堂观察方法分类的注意事项

将课堂观察方法进行分类的目的是为使用者揭示课堂观察在实际操作中的多种属性,并不是将每种课堂观察方法割裂开来或强调在实际使用中的非此即彼。很多课堂观察方法的划分并不是绝对的。例如,定性观察与定量观察,在实际应用中并不相互排斥,它们是需要相互证明、相互补充的。每种课堂观察方法都有其优点,也都有其局限性。因此,在实际的课堂观察中,研究者往往需要将多种观察方法综合使用,才能解决实际教学中的问题。

在课堂观察过程中,只有能够使用多种观察方法,并且能够有效地综合使用它们,才能真正解决课堂教学中的教学问题。著名的教育家苏霍姆林斯基曾经说过:"如果你想让教师的劳动能够给教师带来乐趣,使天天上课不至于变成一种单调乏味的义务,那你就应当引导每一位教师走上从事教育科研这条幸福的道路上来。"我们做课堂观察,不仅仅是要养成一种带着研究的视角和研究的思维进入课堂的习惯,更重要的是,它还可以改变教师的专业生活,培养教师专业生活的品质以及给教师带来思维方式的巨大改变,从而使我们的教师走上一条快乐、严谨、科学的专业发展道路。

·课堂观察的基本步骤·

无论哪种类别的课堂观察,在具体运用的过程中都有观察前、观察中和观察后三个基本阶段,而每个阶段又包括一些具体步骤。

1. 课堂观察前——确定观察的目的和规划

课堂观察前必须明确观察的目的,根据研究目的确定观察的中心或焦点,即需要记录的事件和行为,然后选择或设计观察记录的方式或工具,并且依据记录方式的要求及准则对观察者进行分工与培训,特别是在需要多个观察者进行观察的情况下,要获得观察者之间较高的一致性,更需要事先培训。在课堂观察前,确定目的并做好以上各方面的规划极为重要,准备越充分,观察者就越能从课堂情境中收集到更多有用的、详尽的资料。

2. 课堂观察中——进入课堂进行观察记录

课堂观察的实施过程包括进入课堂情境,以及在课堂情境中依照事先选定的记录方式进行观察和记录。观察者要在上课开始前进入现场,并选择有利的观察位置。通常情况下,要按观察任务来确定观察位置,以确保能收集到真实的信息,但是要注意观察者位置的选择以不分散学生的注意力和不干扰教师正常的课堂走动为宜。通常需要记录行为发生的时间、出现的频率、师生言语或非言语活动的内容和形式,或者详尽的关于观察对象其他行为的文字描述以及观察者的现场感受和理解。课堂观察的科学性、可靠性关系到研究的信度和效度,以及针对教学行为改进的课堂观察报告的质量。

3. 课堂观察后——资料分析与解释

课堂观察结束后,应尽快对所收集的资料进行整理和分析,通过对所记录的课堂事实进行系统分析,揭示课堂行为之间的相互关系,了解被观察行为的意义。需要明确的是,课堂观察的最终目的不是写成研究报告或待发表的论文,也不只是证明、填补或建构某种理论,而更重要的是促进教学,改善实践,因此需要将课堂观察的结果及时反馈给被观察教师,以促进其改进教学。以教学改进为指向的课堂观察结束后,通常要召开反思会,一般分为授课教师自我反思、分析观察结果、思考和对话、提出改进建议等环节。反思会旨在使观察者和被观察者之间进行有效的专业探讨,通过多视角、多方位地寻找有效教学改进的策略,促进教师的专业发展。

观点辨析

课堂观察与平时听课

请根据您目前对课堂观察的了解，并回忆日常进行的听课活动，比较两者的相同点与不同点，填写在图 1-16 中。

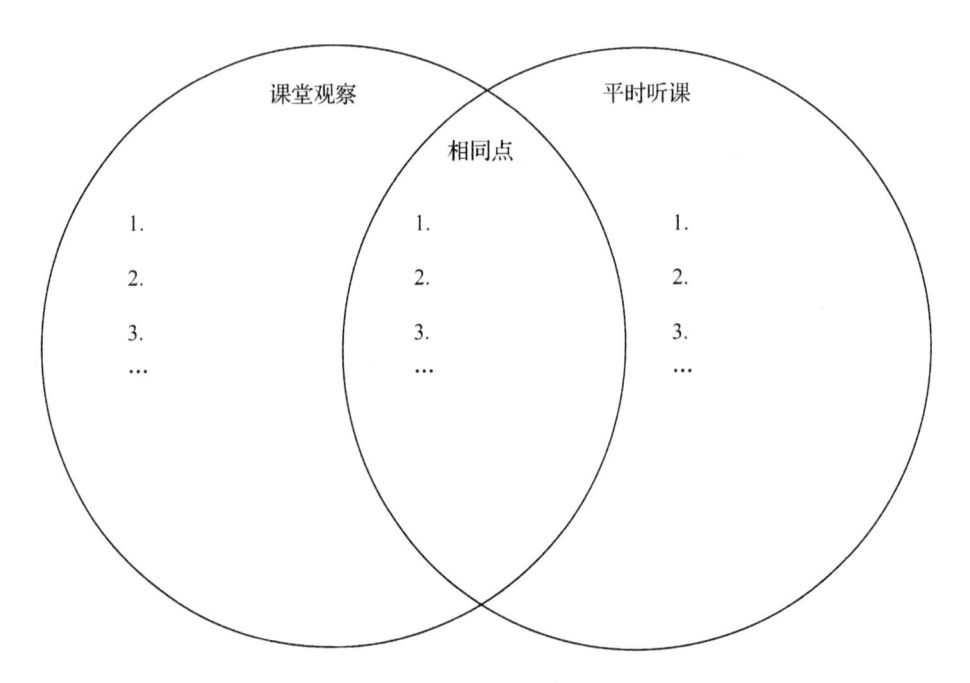

课堂观察　　　　平时听课

相同点

1.　　　　1.　　　　1.
2.　　　　2.　　　　2.
3.　　　　3.　　　　3.
…　　　　…　　　　…

图 1-16　课堂观察与平时听课的对比分析维恩图

·课堂观察：从"感性描述"走向"理性实践"·

李锋（2008）指出，与传统的听评课相比，新课程背景下的课堂观察在观察者、观察内容、观察工具、观察结果等方面有了很大的发展。

1. 课堂观察者：从"听课个体"走向"观察合作体"

传统的听评课突出听课者的个体行为，听课者与授课教师、听课者与听课者之间缺乏交流与合作。课堂观察时，听课教师、授课教师在"自愿互利、资源共享"的基础上建立"观察合作体"，而"合作体"成员的交流与协作能加强听课的针对性，较全面地收集、分析课堂信息。

2. 课堂观察内容：从描述"课堂表象"到分析"关系缘由"

传统的听评课注重对课堂表象内容的记录。受"听课任务"的影响，一些教师以"为完成学校任务"的态度进行听课，依据听课要求填写教学目标、教学内容、教学方法等教学表象事件，上交听课记录表就可完成听课任务，对教学目标达成的原因等隐性因素疏于观察，缺乏对课堂问题深层次的思考。而教学事件的多样性要求教师在进行课堂观察时，要描述教学事件的发生情形，也要注意它们之间的相互关系，分析教学事件产生的原因。课堂观察时，"合作体"成员依据分工任务，预设观察问题，带着"问题"开展课堂观察，与教学过程中的生成事件进行比较，就容易发现教学过程中的关键事件，准确分析教学事件产生的"关系缘由"。

3. 课堂观察工具：从"公共听课量表"到"自主选择、开发观察工具"

"公共听课量表"（或听课记录单）是当前教师听课的主要工具，它对听课内容做了统一要求，包括教学目标、教学过程、媒体使用等。听课过程中，听课教师依据"公共听课量表"记录听课内容，进行"级别"划分就可完成听课任务。"公共听课量表"为听课教师提供了共同的观察视角，但是它没有也不可能针对课堂的个性事件进行设计，它在强调课堂观察的"评判性"时，忽略了观察的"研究性"，造成了课堂信息"简单处理"的现象。以"合作体"形式开展课堂观察时，由于观察分工的不同，每个成员的观察角度和观察内容会有差别，而且所使用的观察工具也不相同，"合作体"成员要能依据"预设问题"的特征、自己的能力和当前的实际条件选择和设计观察工具。

4. 课堂观察结果：从"监督评级"到"共同发展"

传统的听评课制度过于强调"监督和评级"的作用，潜在形成了听课教师和授课教师的对立关系，会挫伤一些授课教师教学的积极性，导致出现教师"不愿意让他人听课"的现象。以"共同发展为目的"的课堂观察可以打破听课教师和授课教师的隔阂，消除二者之间的对立矛盾，增强教师间的信任感。通过对话、倾听、讨论的方式形成开放的、民主的、合作的研修文化，使教师在合作氛围中进行自我反思，开展专业对话，促进其自身的专业发展。

·听评课：一种新的范式·

崔允漷教授(2007)指出，在我国，影响课堂变革最重要的外部因素是听评课制度。而现行的听评课制度存在"去专业"现象，亟须听评课范式的转型，构建一种旨在促进学生有效学习和教师专业发展的新范式，以引领我国课堂教学的变革。

听评课本应是教师专业生活与专业成长的重要组成部分，是教师专业学习的重要途径，但长期以来，听评课只被当作一种对教师的单项考核、一种要完成的任务，有时甚至会造成个别教师的难堪或尴尬，丧失了其本真的专业价值。崔允漷教授(2007)指出，当前的听评课制度存在的"去专业"现象主要表现在以下几个方面。

1. 简单处理

集中表现在：一是进入时，听评课者自己没有做充分准备，也没有与上课教师进行有效的沟通。二是过程中，听评课者主要关注教师的行为，对学生的有效学习没有足够的关注，评课时缺乏有证据的观点，漫谈式、即席发挥式话语过多。三是结果，往往是为了让上课的教师得到一个分数，而且该分数常常是无法解释的。四是使用结果时往往错误类推，用一节随机抽到的课来类推该教师其余的课，或用一节精心打造的课来类推该教师其余的课。

2. 任务取向

简单地说，任务取向就是"为听评课而听评课"。首先，大部分教师的听评课动机是任务取向的，即把听评课当作任务来做。其次，听课仅仅是为了完成任务。一般情况下，教师们听课并非出于自身专业发展和学生有效学习的主动愿望，而是为了完成管理层安排的任务的一种迫不得已。最后，评课成为一种程式化模式。评课时，参与听评课的教师往往多保持沉默，非到不得已时才发言。即使发表意见，也往往过于客套，说一些不痛不痒的场面话。要么大而全，不着边际地说几句，评了和没评一样；要么评课由教研员或专家把持，评课成了"一言堂"。

3. 不合而作

评课群体中有三类角色：一是"评课专业户"，即听课是为了评课。该类人自己很少或几乎不上课，听评课成了他们的中心工作，这类人的假设是"我权威，我评课"。二是"仿课专业户"，即听课是为了模仿。模仿可细分为两种，即仿校内有经验的教师和仿校外的名师，这类人的假设就是"我模仿，我听课"。三是"听课专业户"，即听课就是为了听课，是一种任务，这类人的假设就是"为听课而听课"。

这些现象既集中体现了现代社会的"工业思维",也说明听评课应有的专业性的严重缺失。为此,迫切需要探讨听评课范式的转型问题,构建一个指向学生有效学习和教师专业发展的新型范式。听评课范式的转型,关键在于改变思维方式,具体可以从以下三个方面进行。

1. 从简单思维走向复杂思维

一直以来,我们总是秉持简单的思维,习惯于片面思考、静止类推。对一节课的评价,经常是没有考虑个体、时间与空间、情境等因素,没有把小整体放到一个大背景中去思考,而是以固定、单一的思维来考虑问题。实际上,我们必须正视教学的复杂性,应以复杂的思维和观点去看待教学活动。无论是听评课的动机、过程还是结果,都要主张多样性的统一,并且多样性之间必须有必要的张力。要将课堂教学作为一个复杂的整体系统思考,还要考虑自组织性、个体性、情境性等因素。

2. 从对立思维走向理解思维

在听评课过程中,对立思维主要表现在:①自我本位。评课人往往都是"由己及人",如我们经常听到的"假如我来上这节课,我……"。②责任缺位。如"今天我没准备要讲话,既然一定要我讲,我只好讲几句……"。③角色凝固。上课人、听课人、评课人角色和地位凝固,没有认识到听评课其实是合作体。因此,我们倡导理解的思维,要求听评课时必须考虑:①情境性。即必须基于"现场",充分考虑时间、空间、资源等因素,就此课论此课,不要进行过多的类推或假设。②个体性。要充分考虑教师本人的独特性,多挖掘上课教师的闪光点。③"同情心"。在评课时,谈到存在的问题,最好以"体谅优先"为原则,要感谢上课教师为我们提供了一个专业的话题,使我们有了一个独特的合作学习机会,同时应该为他这种愿意"晒自己的真实"的心胸而感动。当然,崇尚理解的听评课并不是不能提问题，而是要提有证据、有针对性的问题。

3. 从业余思维走向专业思维

在听评课中，最主要的问题可以归结为"用业余的思维或方法处理专业的事情"。具体表现为：①缺乏听评课的专门知识与技能。从职前培养到职后培训，关注最多的是"如何教"的问题，这一问题早已列为教师教育机构的正式课程，而"如何听评课"往往都是留给校本研修的，没有资格登上教师教育机构的"大雅之堂"。②缺乏专门的训练。教师往往是在学校现场自觉自为地学习听评课，缺乏专门的培训或专业引领。③缺乏专门的人才。有了上课能力或研究能力，不等于就有了听评课的能力。如何让专业的人士用专业的方法做专业的事情呢？首先，需要重视对"听评课"的研究，把它放在与"上课"同样重要的地位来研究，以建构更丰富的专门的知识基础；其次，需要对教师进行专门的教育或培训，使教师不仅成为会上课的人，而且还是会听评课的人；最后，需要明确听评课的主体应该是教师，特别是同行(学科)教师，而不是谁都可以充当听评课者，特别是自己不上课的人、教育教学研究者、行政领导人员或所谓的专家，不能越位而充当话语霸权者。

因此，听评课是一种教师专业共同体的合作研究活动，是教师专业的日常生活，是一种重要的专业成长途径，也是一种有效的合作研究方式。此外，听评课新范式的构建还需要技术及工具层面的支持。

反思练习

课堂观察方法的分类

请将下面所列的几种课堂观察方法的名称填在图 1-17 所示的相应位置。

实验观察　　开放式观察　　直接观察　　参与观察
非参与观察　　系统观察　　　单人观察　　聚焦式观察
结构观察　　　非结构观察　　定性观察　　多人观察

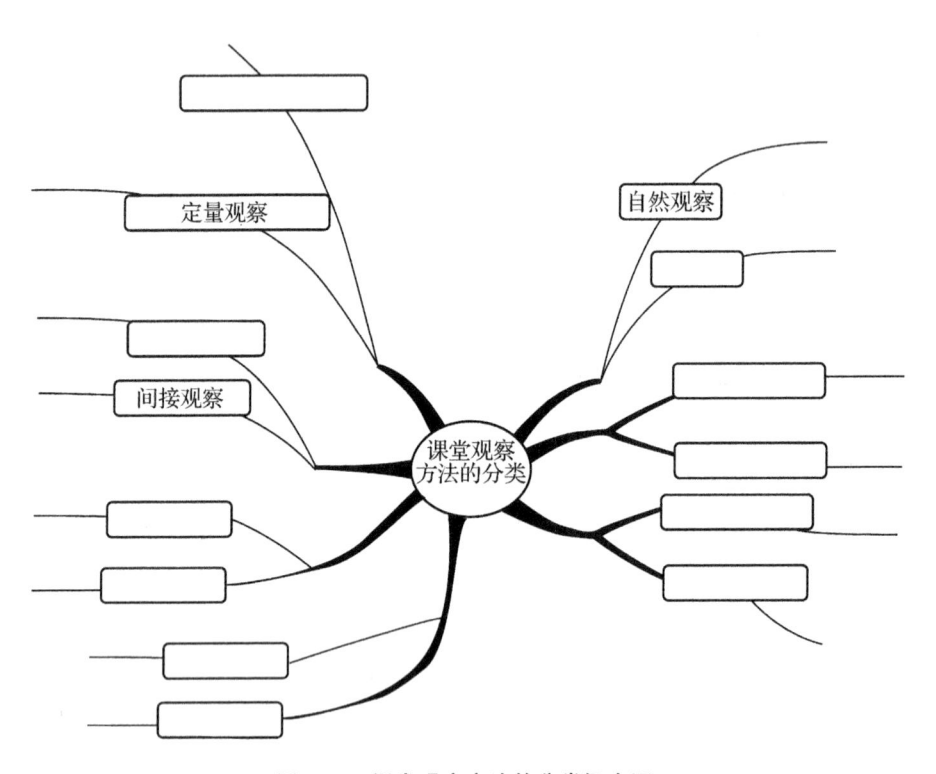

图 1-17　课堂观察方法的分类概念图

模块二　理解课堂观察方法与技术

建议时间：8 小时

说明

　　本模块重点介绍了课堂观察田野笔记方法、记号体系分析方法、编码体系分析方法（S-T 分析方法），引导您理解这些常用的课堂观察方法与技术，并在分析各种课堂观察数据的基础上发现教学行为的特点或教学中存在的问题

核心概念

　　课堂观察田野笔记方法　记号体系分析方法　编码体系分析方法　S-T 分析方法

活动	主要作品
专家讲座 案例赏析 观点辨析	图 2-1　课堂观察田野笔记和普通听课笔记的对比分析维恩图 图 2-16　记号体系分析方法和编码体系分析方法的对比分析维恩图

学习导入

针对教师课堂教学行为分析的研究大多需要运用课堂观察法，并通过对教师课堂教学的观察，全面、系统、客观地记录教师的课堂教学行为，从而归纳出有效教师课堂教学行为的特征，这种分析研究方法侧重于教师外显的教学行为（蔡宝来和车伟艳，2008）。

本模块将通过专家讲座、案例赏析、观点辨析等活动，详细介绍课堂观察田野笔记方法、五种常用的记号体系分析方法及两种典型的编码体系分析方法，以引导您深入理解常用的课堂观察方法与技术。

专家讲座

课堂观察田野笔记

·定性课堂观察方法·

定性课堂观察方法是研究者依据粗线条的观察纲要，在课堂现场对观察对象做详尽的、多方面的记录，并在观察后根据回忆加以必要的追溯性的补充与完善，观察结果的呈现形式是非数字化的，分析手段是质化的，主要是归纳法，并且资料分析在观察的周期中就可以开始进行。定性观察一般需要较长的时间，而且研究的问题常常在研究的过程中不断重构。

定量观察是基于实证主义的方法论，而定性观察是基于解释主义的方法论。具体地说，是基于现象学、符号互动主义、诠释学以及人种志等理论。简单来说，这些理论强调对事件和行为进行整体而深入的了解，一方面要求对事件和行为进行详尽而真实的描述；另一方面要求对特定情境中的事件和行为背后的社会意义进行解释，对行为和事件进行解释时要尽量贴近和再现当事人的视角与主观意识，而不是把重点放在验证假设、提出建议和预测上。

定性观察以非数字的形式呈现观察的内容，包括书面语言，用录音设备记录的口头语言，用其他工艺学手段记录的影像、照片等，具体来说有四种主要的记录方式(陈瑶，2002；崔允漷等，2007)。

1. 描述体系

描述体系是指在一定的分类框架下对观察目标进行的除数字之外的各种形式的描述，如文字、个人化的速记符号、录音等，是一种准结构的定性课堂观察的记录方法。描述体系往往抽取较大的事件片段，并对行为的多方面进行记录，因此这种方法要考虑更多的背景因素，即要在具体的情境和条件下考虑行为的意义。例如，在对教学技能进行观察时，可以从呈现或导入、简洁教学、直接教学、声音、提问策略、反馈、学科问题、期待八个方面进行仔细观察，并用文字描述的方式记录下来。

2. 叙述体系

叙述体系没有预先设置分类，对观察到的事件和行为做详细真实的文字记录，同时还可以加入观察者的主观评价，属于开放的体系。威特罗克(Wittrock)认为，叙述体系主要有四种记录方式：日记/流水账、逸事记录/重要事件记录、样本描述、田野笔记(field notes，也叫实地笔记)。从本质上讲，日记/流水账、逸事记录/重要事件记录、样本描述等形式都可以包括在田野笔记这一种形式内，可以说田野笔记既是叙述体系，同时也是定性课堂观察最基本的记录方式。这种形式的记录为研究提供了大量的文字资料，它不但要求研究者记录在现场所观察到的人、行为、事件和谈话，还要求记录研究者个人较为主观的想法、推测、情感、预感、印象等，要求对行为背后的意义做出诠释。

3. 图式记录

图式记录是指用位置图、环境图等形式直接呈现相关信息，是一种更为直观的记录方式，通常有教室布置图、教师提问记录图、教师走动路线图等形式。例如，对教师针对个别学生的提问进行观察时，可以同时画出回答问题的学生的位置，这样可以考察教师提问学生的位置有没有较为固定的倾向，也可以结合回答问题的学生的背景情况来考察教师提问与学生本身的特点（如学习成绩的高低）有无相关等。

4. 工艺学记录

工艺学记录是指使用录音带、录像带、照片等形式对所需研究的行为事件做现场的永久性记录。这种记录方式为观察研究提供了永久性的记录，便于反复、细致地研究现场，对一些微观的问题做更深层次的研究，同时还能为其他记录方式提供检查其可靠性的依据。工艺学记录与图式记录一样，往往是作为辅助手段而使用的，这两种记录方式所产生的信息，既可以转化为量化资料，也可以转化为质化资料。

·课堂观察田野笔记方法·

田野笔记方法是由田野调查法演变而来的，田野调查法又称作田野工作法，是人类学最基本的一种研究方法（Hoebel，1992）。田野工作法最初是指深入现存的原始民族地区进行研究的一种方法。随着人类学转向都市研究，田野工作法被用来泛指研究者深入被研究对象的实际生活领域，研究其日常生活的自然行为模式的一种调查研究方法。一般研究者若作为田野工作者进入他人的世界，则要直接研究他们的生活，了解他们如何工作和行动，并体验他们的感受。田野笔记是田野工作者的文字记忆，泛指田野调查过程中的原始材料,包括心得、笔记和完整的观察记录等。田野工作者的所有研究结论都要依据他自己的田野笔记。目前,随着质的研究方法在教育中的广泛兴起,人类学中的田野调查法的思想也逐渐被教育研究者普遍接受。

课堂观察田野笔记主要指观察者采用书面语言的形式,记录在课堂中所看到、听到、想到的有关信息的一种定性观察方法。课堂观察田野笔记一般适用于开放式观察,即观察者拥有比较宽泛的观察主题。课堂观察田野笔记应重点记录人们的话语,或直接引用或至少概括要义,以帮助观察者透视课堂中的环境、人及活动;同时,观察者还应记录评论、情感、最初的解释和假设等信息,以方便观察结束后做进一步的分析研究。因此,课堂观察田野笔记不但要求观察者记录课堂中看到、听到的一些客观的教学事件,还要求观察者记录观察时自己的主观感受,并且在记录的基础上有处理方法的建议和分析思路。在记录的过程中,客观的描述和主观的感受不能混淆,客观描述要真实具体,主观感受也要公平公正,不带任何偏见。

田野笔记的描述要尽可能详细,特别要注意对外显行为的记录,而不要仅限于形容词。例如,我们只记录下"课堂气氛活跃"这种较为概括的说法是不够的,同时还应该描述如何活跃,比如,有多少学生举手回答问题,其余的学生又作何表现等。

在课堂观察田野笔记的记录过程中,不能只是记录事件表象,还要透过表象去揭露背后的本质,探究事件发生的原因。例如,在课堂观察中仅仅叙述学生发生了点头的动作,这种描述同样很单薄,学生点头意味着什么呢?在很多课堂上经常会发生学生点头的情形,它可以代表不同的情况:或者表示他们跟随着教师的思维路线;或者表示他们同意教师的观点;或者是他们的兴趣在别的地方,但只是出于礼貌或迎合教师的兴趣而点头;或者是在打瞌睡,等等。又如,在观察的时候,发现有些学生走神或是打瞌睡,要找出原因,是因为教师的教学不生动,没有引起学生的兴趣,还是这些学生本身的问题。观察者要获得行为背后更为深远的意义,必须仔细观察和理解,并结合其他的资料(如访谈询问等)来探究行为的本意。只有透过表象看到背后的本质,才能达到课堂观察的目的。

如果不能及时记录当时的第一感觉和最初对观察到的现象的一些解释和假设,往往在观察结束后,特别是间隔一段时间后,再使用记录的信息做研究时,可能就偏离了当时观察到的第一感觉,会流失一些有用的信息和感受。因此,在课堂观察中做田野笔记时,要求观察者尽可能真实、实事求是地记录当时课堂中的多种问题和多种情景。这样,我们就可以通过课堂观察田野笔记回忆一些很久之前观察的课堂细节。此外,如果教师能够养成长期记录田野笔记的习惯,会非常有助于解决一些相似的课堂教学问题,找出规律方法。

课堂观察田野笔记的优点在于,观察者本身作为观察工具使观察记录的过程较为简单,没有太多外在的需要,记录结果能帮助观察者较为清楚地回忆起所观察到的课堂中的一些细节。长期的课堂观察田野笔记记录能提供关于观察对象发展的持续而真实的"画面",并为研究提供大量宝贵的第一手资料,有助于摸索多个相似问题的解决办法以及教育规律,而且还能够为个案研究提供非常有用的素材。

课堂观察田野笔记的缺点在于,由于观察者本身作为观察工具,所以课堂观察受观察者本人的理论素养、理解水平以及文字水平等方面的影响较大,主观性强,不同的观察者对同一节课所记录的田野笔记是不可能相同的。同时,课堂观察田野笔记往往需要在长期的观察中进行记录,而一般观察者较难获得长期观察某位教师的机会。

·课堂观察田野笔记的记录方式·

总的来说,一份较完整的课堂观察田野笔记应该包括:对环境、人、活动的描述;人们的话语,或直接引用或至少概括要义;观察者评论,要与记录区别开来，包括情感、反映、预感、最初的解释和假设等。

课堂观察田野笔记的记录方式可以采用纯文字的直接叙述。

案例赏析

案例2-1 无声的课堂

> 本案例来源于"北京市面向基础教育信息化教师专业发展基地项目（2003—2006）"。2003年，胡老师作为一名刚工作一年的青年数学教师，怀着对教育工作的美好愿望，怀着对信息技术与课程整合的憧憬，走上了讲台，走进了信息技术环境下的网络课堂。

·案例背景·

面对初中二年级的学生，胡老师有许多头疼的问题：灵活性高、难度大的题目，有时候一连讲几遍还是有学生听不懂；学生不会灵活运用所学的定理，解题思路打不开；学生知道学习数学的重要性，但并不真正喜欢数学；学生采取死记硬背的方法学习数学；学生害怕平面几何中的证明题；等等。

·课前准备·

9月底的一天，胡老师非常发愁，再过两天就要讲授梯形辅助线证明方法这一课了，可面对这个教材中的大难点，他不知该怎样讲授才能获得满意的效果。

胡老师认为，梯形辅助线证明方法对全班学生来说都比较难，但每个学生所遇到的难点是不同的，因为他们的学习状况是不同的。有的学生是因为数学基础不扎实，所以在学到梯形辅助线证明方法的时候，就会感觉很吃力；有的学生由于缺乏逻辑思维和逻辑推理能力，因此造成他们在解决梯形辅助线证明方法时缺失策略；还有一类学生，属于学习困难的学生，就是我们通常所说的学困生，这类学生在他们班有 8~9 人，所占的比例还是非常高的。而这几名学困生又有所不同，有的学生是因为文字理解水平比较差，不能理解题意，抓不住题中隐藏的已知条件和求解的目的之间的关系，所以造成他们没有办法顺利解决问题；有的学生是属于数学学习本身的问题，比如，数学概念的错误、混淆或没有掌握某些关键性的数学基础概念。胡老师认为，这么多学生都有自己各不相同的问题和困难，在班级授课制下没有办法解决每个人的问题。为了因材施教，胡老师觉得应该找到一种能让学生进行个别化学习的工具，为他们提供个别化的学习支持和服务。

正在胡老师一筹莫展时，他突然想到，前几天在参加校本培训时，首都师范大学的王陆教授介绍了"首师大虚拟学习社区网络教学支撑平台"，这个平台对应对个别化学习很有帮助。于是他想，利用这个平台也许能够帮助自己解决梯形辅助线证明方法这个大难题。经过一天的苦学，胡老师自己安装软件，自己摸索，原本对网络不怎么熟悉的他终于掌握了"首师大虚拟学习社区网络教学支撑平台"中的在线网络"教师答疑室"这一项功能。于是，一个教学设计的雏形出现在胡老师脑海中。

课堂观察团队在了解了胡老师的这些想法后，产生了疑问：胡老师选择使用"首师大虚拟学习社区网络教学支撑平台"来进行个别化学习是否可行？这个技术工具能否代替传统的面对面教学时的师生互动呢？

带着这些疑问，王陆教授率领课堂观察团队进入胡老师的课堂，开展了一次典型的开放式观察，并记录了以下的课堂观察田野笔记。

·课堂观察田野笔记·

上课时间到了，胡老师走到讲台前，大声说："同学们，今天咱们上课要使用首师大虚拟学习社区网络教学支撑平台。我们学习的内容是梯形辅助线证明方法，有关学习内容和例题等，我已经传到平台中的教师资料里了，请大家自己学习，如果遇到不懂的问题，请在平台中的教师答疑室向我提问，我会一一回答大家提出的问题，以支持大家的个别化学习。好，下面开始上课，请大家不要说话。"胡老师的话音刚落，课堂中便响起了一阵点击鼠标和敲打键盘的声音……

由于胡老师只教给了学生使用首师大虚拟学习社区中"教师资料"和"教师答疑室"这两项功能，学生们在看了教学资料后，有了不懂的问题，马上就通过网络教师答疑室向胡老师求助。胡老师也一直埋头苦干，双手在键盘上不停地敲击，拼命打字，回答学生们的问题。

然而不一会儿，由于教室中网络的带宽有限，学生们又都在访问同一个数据库，所以很快，网络就被学生们的信息堵塞了。

学生们的提问得不到及时的回答，于是，教室中的情景就开始有些乱了……

情景一：一位学生由于长时间没有得到胡老师的解答，所以焦急地走到讲台前，对胡老师说："老师，您怎么还不回答我的问题啊？"胡老师正忙于敲击键盘，没有予以理会。

情景二：不一会儿，又有其他学生也朝讲台走来。大家围住胡老师，七嘴八舌地向胡老师提问。而第一位走到讲台前的学生急了，一边敲打讲台桌，一边提高了声音说："胡老师，我都提交问题半天了，您怎么还不回答我的问题啊？"胡老师终于抬起了头，挥挥手说："去去去，快回座位去，别说话！还没有轮到你呢！"……

情景三：教室中很多学生发现了社区中的"聊天室"功能，于是开始聊天，聊天内容与教学内容相去甚远……

情景四：正在进行课堂观察的王陆教授看到这一切后万分焦急，也打破常规，走到讲台前对胡老师说："我再告诉你几个功能，这样可以缓解网络和你的压力。"王陆教授的话音还未落，胡老师就着急地说："您下去，下去，我自己知道该怎么做！"

情景五：在一片混乱和无奈中，下课铃儿响了。王陆教授急忙跑到教室门口，叫住正往教室外走的学生问："你们觉得这节课上得好吗？"王陆教授本以为学生会说："当然不好啦！"然而学生们的回答却令王教授大吃一惊，学生们满脸真诚地说："好啊！好啊！老师不管我们，多好啊！我们想干什么就干什么，真好啊！"

·案例分析·

读完这个案例，您是否已经身临胡老师的无声的课堂了呢？是否体会到课堂中的安静、焦急、混乱与无奈呢？

这个案例采用了直接叙述的方式进行记录，这种方式随意性比较强，将观察者当时关注的焦点和想法一一记录下来，有利于课堂再现，并发现教学中存在的问题。由于这个案例一个突出的特点是课堂中没有了最常见的教师讲授和学生发言的声音，所以课堂观察团队给这个案例起了个特别的名字：无声的课堂，案例名称可以起到画龙点睛的作用。

课堂观察田野笔记也可以采用表格形式记录，表格形式更便于进行课堂观察后的后续研究。

表格式的课堂观察田野笔记通常采用叙兹曼和斯特劳斯提出的现场观察记录格式，把记录分为四个部分：第一，实地笔记，用来记录观察者看到和听到的事实性内容，记录要"忠于"现场的实际情况，要尽量做到"客观"求实；第二，个人笔记（或直观感受），用来记录观察者个人在实地观察时的感受和想法，不应过分渲染；第三，方法笔记，用来记录观察者所使用的具体方法及其作用；第四，理论笔记（或分析与思考），用来记录观察者对观察资料进行的初步分析、反应和理解。

下面我们就通过案例 2-2 来了解采用表格形式记录的课堂观察田野笔记的特点。

案例赏析

案例 2-2　循环小数的意义和特征

> 案例来源于王陆教授等撰写的《信息化教育科研方法——发挥技术工具的威力》一书，内容略有改动。

· 案 例 背 景 ·

时间：2004 年 9 月 22 日上午 8：40

地点：北京市某小学 4 楼录像教室

人物：研究者 W 老师、L 老师、S 博士生、W 硕士生、S 硕士生，观察对象 H 老师及其班上的 56 位学生

教学内容：教科书第 23 页的"循环小数的意义和特征"

观察对象：××小学五(1)班数学课，H 老师及其学生

观察目的：H 老师目前在数学课中都使用了哪些技术支持课堂教学，H 老师是如何发挥教师的主导作用的

观察重点：H 老师

记录人：S 硕士生(2004 年 9 月 22 日晚整理)

·课堂观察田野笔记·

表 2-1 "循环小数的意义和特征"课堂观察田野笔记

实地情况	直接感受	方法笔记	分析与思考
课堂观察人员进入教室，H 老师正在调试设备，调整讲稿。	听课的方式始终会给教师带来一些非常态的准备。		观察者多次进入课堂，会逐步还原课堂的常态。
早操完毕，学生手持文具、课本进入录像教室，安静、快速。	学校比较注重学生的行为习惯培养。		
有一男生主动和我们打招呼："老师们好"，接着，有几个学生都和我们打招呼。	看上去，学生们表现得自然大方，会不会是班干部？	课后与 H 老师验证一下。	教师主导下的学生干部会不会指挥其他学生？学生的行为是否会由此相互影响？
H 老师调整 PPT 花了几分钟；中途发现一张 PPT 打错了几个数字，没有马上改；点完一张 PPT 后出现空白，就那	教师是不是还不能熟练掌握 PPT？学生显然训练有素。	与教师确认一下（事后访谈时教师说不如黑板好控制）。	教师的信息技术水平会影响教师的情绪、信心，进而会影响教学效果。

续表

实地情况	直接感受	方法笔记	分析与思考
么空着。上课时间有几分钟的延迟，每个学生都翻开教科书并静坐。			平常在没有人听课的情况下，学生们如何等待上课？
师：同学们，我们今天是第几次在这里上数学课？ 生：第二次。 师：所以，我们对这里已经不陌生了，以后大家会更熟悉。请大家合上教科书，开始上课。	教师和学生都在这里上过公开课，教师希望消除自己和学生的紧张与不适，把注意力集中到课堂上。		适当的引导可以弱化学生对场地和观察者的注意。
放映幻灯：在音乐的伴随下循环展示春、夏、秋、冬的景色…… 师：我们现在看到的是什么？ 生：春、夏、秋、冬。	我一时没有明白今天的课程要讲什么。		生活化的例子不错，但是教师对"循环"的强调不够，不足以达到对"无知者"的引导。情景创设目的：引出问题，引出思考。
师：那么我们今天要学习的是…… 教师还没说完，几个学生立即接上：循环小数。 师：你们是怎么知道的？	是不是预习了？	课后找这个学生确认一下（他说自己基本上每次都预习，还参加了奥数班）。	自主学习意识强的学生有优生效应，越学越好？

57

续表

实地情况	直接感受	方法笔记	分析与思考
几个学生齐答：看书呗。其中一个学生特别明显，总是积极举手，也常引起教师的注意，让他站起来说自己的想法。			
师：今天我们研究循环小数。	"研究"，很中听。		"研究"是个能激发和培养学生科学意识的词。
师：研究循环小数的什么呢？ 生：意义、分类、应用、特点。	惊诧！ 再次发现，学生是带着答案来的，而不是带着问题。		
PPT上显示：321321。 师：按照这个规律，后面是什么？哪位同学能告诉我？ （多人主动举手） 生：321。 师：怎么表示？ 生：6个点。 师：叫什么呢？叫省略号。	这个班的学生有积极回答问题的风气，与教师配合得特别好。		
师：有些符号不易表示。	在黑板上写板书。		显然教师处于受技术制约的阶段。

续表

实地情况	直接感受	方法笔记	分析与思考
学习成绩不好的 Y 女生从来没举过手，但是当教师让大家一起看 PPT 上的几道题，判断是循环小数的就摆对钩手势的时候，她每次都摆对了，可是教师总是叫其他学生，尤其是那十几个站起来说为什么是循环小数的学生，却从不叫这些成绩不好的学生回答问题。	为什么教师不在 Y 女生判断正确的时候叫她在全班回答问题呢？是怕她说错吗？	我坐在 Y 女生的附近，教师每出示一道题，我就首先观察 Y 女生的表现。	教师在课堂上有一种优生意识，想照顾大多数，所以基本上对差生不关注，不给差生表现的机会。
师：通过刚才的几个例子，大家说说，什么是纯循环小数，什么是混循环小数？ 学生纷纷发言，直到说出正确答案。	教师不直接给出答案，而是启发学生自己发现。		课堂上教师的主导作用非常明显，收放自如。
由于电子讲稿的输入错误，教师需要在教学中增加很多说明。	是因为信息技术的运用能力较低？		现场改错、标注的功能很实用。
师：请大家计算一下这两个竖式。谁愿意在黑板上示范？ 接近 20 名学生举手，H 老师叫了两名学生上去。	是不是这两名是好学生？	这个数字是我估算出来的。 与教师确认（不是，有一个优等生、一个中等生）。	到黑板上示范的都是优等生？

59

续表

实地情况	直接感受	方法笔记	分析与思考
有的学生做完第一题后积极地说：老师，我发现…… 针对这一情况，教师提出四个相关问题，让座位处在前后位置的四个人组成小组进行讨论。	教师善于发现和引导学生的思维活动，抓住学生回答问题的关键信息。		课堂上小组组织通常不力？ "发现""交流"两个词用得好，但观察到邻近的学习小组并没有开展真正的讨论。
师：自己做一下这几道题，做完后讨论一下。 有五个小组非常活跃，每个人都积极发言，但其他小组不太活跃。	他们习惯这样的小组交流。 是不是不发言的人都还没有自己做出来，所以没有意见可说？		小组讨论要建立在个人学习基础之上？
汇报"发现"—— 一个小组的学生说：我们小组发现…… 另一个小组的学生说：我们小组通过观察发现……	学生们的用词和表达都显得训练有素。		
课堂上积极举手发言的总是那么一部分学生，教师则总是叫举手的学生。	是他们数学学得好，还是表现欲强？教师是尊重差生的自尊还是忽视他们？	如果能使用图示记录举手发言的学生的位置和次数的话就更准确了。	由于时间有限，课堂上对差生普遍忽视，对优等生普遍关注？课堂因材施教不易达到。
有的学生经常扭动身体，也积极举手发言。	是不是因为学会了就不耐烦？	下课问一问（得到证实）。	优等生在课堂上是有选择地关注教师的内容？

续表

实地情况	直接感受	方法笔记	分析与思考
一个小组说完自己的意见后,其他十几个小组马上踊跃地举手。	是不是非常不同意刚才那个小组的意见?		在课堂实时互动,尤其是同伴互动更能促进学生的积极思考?
师:怎么知道的纯循环小数? 生:看书。	是预习看书,还是提前学的?	下课问一问(学生是在奥数班学的)。	
看书,划重点,复习,分类练习。	比较快。 分类练习的填空格式好。		填空格式——教师提供支架。
师:计算这三道题,两个人分一下工。 学生两两分工后就安静地做题。教师在此过程中巡视。	为什么要分工?		有些课堂授课技巧是简短而有效的。
一个小组(课代表所在的那个组)做完后高兴地举手,教师走过去查看。	前期数学学得越好,后期也会学得越好吗?		课堂教学更多关注积极、有优势的学生?
有一男学生在整节课上不断举手,不断接话,前面的学生多次干预他,但他又一次成功地被老师点名提问。这个男学生又举起手,并回头望着我们,显得很得意。但很多学生多次举手未果,下课时都很失望地看着我们。	这个男生希望被注意,在被关注的情形下很积极;否则,就会分心。		大班教学不能满足每个学生的表达欲和表现欲。如何通过技术支持来改善?

61

·案例分析·

可以看出，表格形式的课堂观察田野笔记更加清晰明了，通过四个栏目的分列记录，可以使观察者本人理清自己的思路，分清哪些是现场观察到的客观行为事件，哪些是自己当时的主观想法和感受。

由于课堂现场瞬息万变，在课堂观察时观察者可以在现场先记录下能够代表一个事件或课堂过程的短句或关键词，使用各种符号或速记方式进行记录，待课堂观察结束后，尽快参照这些短句、关键词或者符号重组记忆，详细写下在现场看到、听到或体验到的人、事、物，同时记下想法、反思和情感等。本案例就是观察者在课堂观察后的当天晚上重新整理的田野笔记。

案例赏析

课堂观察田野笔记

以下四个案例是中小学教师进行课堂观察时记录的课堂观察田野笔记。

案例 2-3　函数的定义域和值域

本案例来源于"一体化项目"。

课例名称：函数的定义域和值域
学科：数学

年级：高中一年级

授课教师：河北省 CZS 中学的樊老师

表 2-2 "函数的定义域和值域"课堂观察田野笔记

实地情况	直接感受	方法笔记	分析与思考
师：首先，我们研究基本函数的定义域问题，请同学们研究一下例一，时间是五分钟，各小组自由商讨。 各小组开始热烈讨论。	哇！惊叹！大多数学生都已经准备好答案，有备而来啊！	和樊老师确认一下：是不是先看完学生的作业，掌握了学生作业的全部情况？	教师巡视指导要有针对性和时效性，力争做到因材施教，有的放矢会更好。
师：时间到！请各小组总结你们的结论。 各小组长站起来逐一回答。 师：对吗？ 生（齐答）：对。	学生只负责说出简单结果，而没有说出细节内容，教师也没有重点讲解。问题也大多是"是何类问题"。	怎么不用展示台展示学生的小组讨论结果，而像现在这样做？	该部分内容较简单，但所用时间较长，学生书写定义域的格式没有清晰地呈现出来。
师：好！下面我们研究例二——指数类问题，给同学们六分钟时间，请大家积极讨论，并请第一、第二、第三小组在黑板上书写解题过程。 大部分学生都已经写好了答案，有的学生游离于讨论之外，有的学生盲目抄写其他同学的答案，有的学生看着黑板上同学的答	学生成了文明观众。尴尬！	教师的点拨为何不利用电脑展示一下？让学生的思维有更好的升华机会，真正使师生形成合力岂不更好？	小组讨论分工不太明确，缺乏执行力。

63

续表

实地情况	直接感受	方法笔记	分析与思考
案。教师先巡视答疑，后来直接参与第六小组的讨论。 三个小组长在黑板上书写答案，其他成员参与讨论。 师：时间到！请同学们对比一下三个小组的解题过程，看看哪一个更好？ 三个小组各有千秋：第一小组利用 $f(0)=0$ 简单实用；第二小组应用 $f(-1)=-f(1)$ 略显笨重；第三小组采用 $f(-x)=-f(x)$ 求解突出实力。 师：很好！这就是一般与特殊的相互切换。 师：下面我们研究例三——值域类问题，给同学们十分钟时间，请大家积极讨论。 学生分组讨论。 师：时间到！哪位同学能展示一下你的成果？ 学生默默无语。	由于此类问题属于数形结合与分类讨论的具体应用问题，很难，学生虽讨论热烈，但都没有实质性	教师为何不总结求解此类复合函数值域的方法呢？要知道这类问题的解答可是本节课的难点啊！	教师应该在学生的讨论过程中提取教育教学信息，而不是等待学生的主动回答。

续表

实地情况	直接感受	方法笔记	分析与思考
终于,一位男生站起来走到黑板前书写自己的结论,边写边讲。 师:下面我再来给大家详细地讲解一下。 学生们仔细听讲。 师:好!今天我们的作业是学案中的作业。 生:下课! 学生默默地离去。	的结果,有点想法的也是课前草草写了几笔,没有系统的可操作的方法。有的学生呆呆地发愣,静静地等待着老师的讲解。 学生好像不是很满意。		收尾很仓促、很直接,是否更具有启发探求性的作业会更有张力?

案例 2-4 椭圆的简单几何性质

本案例来源于"一体化项目"。

课例名称:椭圆的简单几何性质

学科:数学

年级:高中二年级

授课教师:河北省 ZD 中学老师

表 2-3 "椭圆的简单几何性质"课堂观察田野笔记

实地情况	直接感受	方法笔记	分析与思考
师:方程 $16x^2+25y^2=400$ 表示什么样的曲线?你是如何判断的?	简单、直接、开门见山。		直接给学生确定本节课的研究方法,从方程入手。

续表

实地情况	直接感受	方法笔记	分析与思考
师：你能利用以前学过的知识画出它的图形吗？ 师：如何选点？如何列表？ 生：特殊点、整数。 师（追问）：为什么不找其他点？	提出如何类问题，以引发联想，温故知新。 好！可以提醒学生描点法的关键。 问题说得较复杂、累赘。	其他点也可以。	这段时间太长。 大多对学生进行肯定。 学生齐答的太多。 引入时间有点长。
与直线方程和圆的方程相比较，椭圆标准方程。$\dfrac{x^2}{a^2}+\dfrac{y^2}{b^2}=1(a>b>0)$ 有什么特点？ 师：椭圆的方程与圆的方程对比有什么特点？	好！类比。	可以直接问：$\dfrac{x^2}{a^2}+\dfrac{y^2}{b^2}=1$ 该如何画其图形呢？	应该交给学习小组讨论解决。
师：直观感受了椭圆的性质后，请从方程角度分析其几何性质。 师：要从范围、对称性、定点等方面考虑。	复习了观察图形性质的两种方法，承上启下。	可以问：给我们一条曲线，若要研究其几何性质，应从哪些方面研究？请学生讨论并解决。	奠定了研究的基础。
师：可以把 $\dfrac{x^2}{a^2}-\dfrac{y^2}{b^2}=1$ 看成 $\sin^2\alpha+\cos^2\alpha=1$，利用三角函数的有界性来考虑 $\dfrac{x}{a}$，$\dfrac{y}{b}$ 的范围等。	不好！直接告诉学生不如让学生去发现。 学生发现的方法很多，开阔了他		应该更放开些，应相信学生的能力，学生可以自己解决的就让他们自己解决。

续表

实地情况	直接感受	方法笔记	分析与思考
生：当 $x=0$ 时，所有的 y 都有两个相反数的解。 师：当 $x=0$ 时只有两个点啊，你怎么说所有的点呢？ 师：其实你已经说对了，再把刚才的意思调整一下。 师：点在不在椭圆上怎么验证？ 生：代入。 师：后面关于 y 轴与原点呢？ 生：类似。 师：离心率到底是如何影响椭圆的圆扁程度的呢？ 学生积极讨论。 师：这就是本节课的主要内容，让我们一起来回顾一下……（教师全说了）	们的视野。学生素质真的很高。 教师对学生的要求严格，在语言上也要精准。 让学生及时地组织语言来锻炼自己的表达能力。 学生回答积极，与教师配合较好。学生能较好地展开讨论。 效果不好，课堂小结没有实际作用。	可以让学生简单阐述，给出肯定就可以。 说法过于直接，可以委婉地提醒学生表述应准确。 课堂上学生还是很喜欢有一定的时间进行讨论的。 应该给学生一些时间，由学生总结汇报，加深印象。	重复学生的回答太多，啰唆了。 这次在课堂上略显放手，给学生表达、展现自己的机会，而不是包办代替。 教师的主导作用体现明显。 教学中要时时想着学生的主体地位，要以学生为中心展开教学。

案例 2-5　幂函数

> 本案例来源于"一体化项目"。

课例名称：幂函数

学科：数学

年级：高中一年级

授课教师：辽宁省 YKGJ 中学的梁老师

表2-4　"幂函数"课堂观察田野笔记

实地情况	直接感受	方法笔记	分析与思考
教师通过PPT展示学生的预习作业。 师：你能将这些函数图像进行分类吗？并请你说一说你的分类标准是什么？ 学生纷纷举手，提出了很多不同的分类方法。 课堂气氛非常活跃。 师：幂函数的图像都是什么样的呢？ 学生都保持沉默。	学生的热情真的很高，看样子，这个班级很活跃。 问题问得太笼统了，学生不知道从哪个方面回答。	问题问得具体些，有利于调动学生思考。	学生对于自己做的作业，会有很大的积极性。 教师在课堂提问的时候，应该避免一些笼统的、无从下手的问题，要让学生明确思考方向。
师：我们要画一个函数的图像，首先要知道它的图像在什么范围，这就需要我们知道函数的什么呀？	教师不是在提问，而是在引导学生说出自己预想的答案。	应该好好研究一下问题的设计。	课堂上，这种带有很强的引导性的问题，虽然表面上会让课堂显得活跃，

68

续表

实地情况	直接感受	方法笔记	分析与思考
生：定义域和值域。 师：然后，如果函数具有一定的对称性，就会使得我们对函数的研究可简化一些，这就需要我们知道函数的什么性质呀？ 生：奇偶性。			但实质上意义并不大。学生的参与只是在语言层面上，而不是在思维层面上。
教师接连提出几个问题，都只有一个学生举手，其他学生都没有举手。教师鼓励其他学生积极发言，但是仍然没有人举手。这时候，教师只能无奈地连续叫那名举手的学生回答几个问题。	是挺无奈的，叫这个举手的学生吧，其他学生就不能参与课堂活动；若不叫他吧，弄不好这唯一的一个举手的学生也不举手了。	对学生的回答多给些肯定的回应可能会好些。	在高中阶段的课堂上，这样的情况是会经常发生的，很多学生不愿意回答问题，并不是因为不会，而是不愿意当众表达；相反，有些学生就有较强的表现欲。怎么能让更多的学生有表达的机会，是教师在备课的时候应该认真考虑的。
师：根据我们画出的幂函数的图像，你能发现幂函数的图像有哪些规律？ 学生沉默。 师：不一定要全面，也不一定要说得多么好，只要是你看到的和想到的，就	鼓励学生表达自己的观点，很好！		不要求完美的答案，才能鼓励学生思考与表达。

续表

实地情况	直接感受	方法笔记	分析与思考
可以说说。 学生开始表达自己的观点。 教师对每个学生的说法给予肯定和鼓励，然后再做出解释。			
师：想一想，这节课你都学习了哪些知识，学到了哪些方法，还有什么问题？	用问题引导学生归纳的方向，很好；把问题也作为总结的内容，更好！		鼓励学生在总结收获的同时，总结存在的疑问，这对学生的学习是非常有利的。
教师布置作业的时候，分为必做作业和选做作业两个部分。	让不同的学生都能有发展的空间。		分层次的作业、分层次的要求，体现了因材施教的原则。

案例 2-6 陶罐和铁罐

本案例来源于全国教育科学"十一五"规划教育部重点课题——"基于网络的教师专业发展COP项目"。

课例名称：陶罐和铁罐

学科：语文

年级：小学三年级

授课教师：深圳市 BZFX 的黄老师

表 2-5 "陶罐和铁罐"课堂观察田野笔记

实地情况	直接感受	方法笔记	分析与思考
师(出示图片):这是什么? 生:陶罐。 师:这些陶罐有什么特点? 生:漂亮、美观、精致、光滑、易碎。 师:那么,陶罐的特点就是易碎。 师:我们再来看看铁罐有什么特点? 生:非常旧、会氧化、不易破掉。 师:那么也就是说铁罐比较…… 生:坚固。 师:你们真是一群善于观察的孩子,有着一双善于发现的眼睛。今天我们就来学习非常特殊的两个罐子。你们想知道他们的故事吗? 生:想! 师:好!请大家跟我一起写一个新字。 学生自由阅读课文。 教师检查生字自学情况(屏幕上出示词语)。	教师总是重复学生的话。 学生的词语积累比较丰富。 学生说了很多的特点,教师却按照自己的教案设计把陶罐的特点总结为易碎。 学生的知识储备较为广泛。 教师心里只想自己的教案设计。 这样鼓励性的语言很好。 教师板书"陶"字,学生书空,这个环节的随文识字的教学方法很好。	对于学生的多种答案应该及时地肯定和鼓励,保护学生的求异思维。	教师的学生观需要重新审视,课堂是以什么为主?课堂教学的目标是什么?难道仅仅以教师的教案完成为主吗? 随文识字的教学方法对于小学生而言是非常高效有益的。

续表

实地情况	直接感受	方法笔记	分析与思考
请一名学生读一遍课文,教师对"懦弱"一词正音,全班跟读。 全班齐读词语。 师:同学们读得又准确又响亮,对生词的掌握非常扎实。 师:请同学们默读课文,勾画陶罐和铁罐的对话。 学生默读并勾画。 师:勾画好了吗? 生:好了。 师:那么,从他们的对话中,你读出了什么? 生:铁罐很傲慢,陶罐谦虚,铁罐用自己的长处跟别人的短处进行比较。 教师小结。 师:铁罐很骄傲,读一读它说的话(出示图片和句子)。 学生读句子。 师:要读出骄傲的味道,再读。 学生再读。	先通读课文、认读生字。 及时纠正学生读音的错误,很好! 认读词语的两个步骤没有层次性,目标不清晰。 教学环节之间缺少过渡,导致教学环节之间的逻辑性不强。 为什么不让学生读自己勾画的句子? 朗读有指导。	 对于课堂上布置给学生的任务,教师一定要检查。 如何对学生进行朗读的指导,使学生真正能够通过朗读来加深对课文的	 每个环节的有效性是教师在备课的时候必须思考的问题。 每节课的朗读指导到位后,学生慢慢就能够通过自读自悟来学习课文。

续表

实地情况	直接感受	方法笔记	分析与思考
师：你们读出了骄傲的语气。 师：谁能说一说"奚落"的意思？ 生：就是在嘲笑它的缺点。 师（小结）：那么"奚落"的意思就是嘲笑、讽刺别人，让别人感到羞耻，感到难堪。 教师请学生在书上做批注，学生记录老师对这个词语的解释。 师：读到这里，我们知道铁罐它很骄傲（贴词语：骄傲）。 师：我们接着往下看，铁罐是什么态度？ 生：傲慢。 师：同学们用傲慢的语气读一读。 学生读。 师：铁罐从开始的骄傲到现在的傲慢，它的态度变得怎么样？ 生：更加傲慢。 师：我们带着傲慢的语气读一读。 学生读。 师：相对于铁罐的态度，陶罐的态度怎么样呢？ 生：谦虚。	教师用自己的语言总结，代替了学生的思考过程。 学生对"奚落"的理解还是停留在教师的直接解释的层面，没有真正体会到词语在句子中的意思。 教师喜欢用半截话的方式让学生说出自己需要的答案。	理解？ 教师要学会站在学生的背后，给学生充分的思考空间和时间；否则，慢慢地，学生就不思考了，反正只有老师的答案是对的，而且老师肯定会给出答案。 看得出教师总是在想着自己的教案，没有去想如何让学	以学生为主体的学生观的确需要不断强化。

续表

实地情况	直接感受	方法笔记	分析与思考
教师贴词语：谦虚。 师：我们能够读出陶罐的谦虚吗？ 师：铁罐对陶罐的称呼礼貌吗？ 生：不礼貌。 师：那么陶罐却称呼铁罐为…… 生：兄弟。 师：可以看出陶罐怎么样？ 生：礼貌。 师：分大组对话朗读表演。 学生朗读表演。 师：继续看，铁罐的态度发生了什么变化？ 生：轻蔑。 师：用轻蔑的语气读。 学生读。 师：加上你的动作读出傲慢、轻蔑的语气。 全班读。 师：谁来用动作读出人物态度的变化？ 一学生读。 师：他用表情把铁罐轻蔑的神态表现得淋漓尽致，而且他还配上了什么？	问题很"碎"。 对学生的朗读没有指导和评价。 没有发现学生有什么动作。	生在课堂上成长。	

续表

实地情况	直接感受	方法笔记	分析与思考
生：动作。 师：我们学着他的样子来读。 全班读。 师：请男同学读。 男生读。 师：你们没有配上动作！请女同学读。 女生读。 师：请全班再来一次。你们可以想象一下当时的情景，边想象边读。 全班再读。 师：铁罐对陶罐的轻蔑态度有没有停止？ 生：没有。 师：我们接着看，它由轻蔑的态度转变为…… 生：恼怒。 师：大家带着恼怒的感觉来读一读。 学生读。 师：同学们把恼怒的感觉读得很好。	个别学生还是没有加上动作。 仍然没有动作。 几次的朗读没有变化，仍然没有做出老师希望加上的动作。 这样的问题没有意义。	学生为什么会没有动作？那是因为教师包办得太多，学生还没有入情入境地去体验。 课堂上要尽量避免不需要学生动脑筋就可以回答的问题。	习惯了长期以教师讲授为主的课堂，学生慢慢就会变得有惰性了。

续表

实地情况	直接感受	方法笔记	分析与思考
师：你是从哪些词语或者句子中看出铁罐对陶罐狂妄自大的？	这样笼统的评价没有指导意义。		
生：你怎么可以和我相提并论、住嘴、恼怒。	教师对学生的发言没有评价。		
教师小结。			
师：相提并论到底是什么意思？			
生：就是不能把它们放到一起来讨论问题。			
师：同学们的回答都说到了这个词语的意思。这个词语就是说把两个不同类的东西放到一起来谈论，来评论。我们看（师指着句子），在这里呢，铁罐觉得他自己不能和陶罐放在一起评论，也就是说，陶罐远远不如自己。就是觉得陶罐很弱，不能和他相提并论。陶罐不能和他放在一个水平上，所以他就显得特别狂妄自大。让我们再把句子读一读。	教师的总结直接把自己的理解告诉了学生，学生的回答显得并不重要。		
学生读句子。			
师：哪些同学愿意读一读铁罐的话？要读出狂妄的感觉来。			

续表

实地情况	直接感受	方法笔记	分析与思考
学生读。 师：通过朗读，我仿佛看到了铁罐咄咄逼人的样子。这里还有一句他狂妄自大的话，让我们一起来读一读。 全班读。 师：哪些词语能够看出他的狂妄？ 生：自大。 全班读句子。 师：尽管铁罐这样奚落陶罐，但是这样的话对陶罐有没有用啊？ 生：没有。 师：那么，时间在流逝，人们发现了什么？请你们快速浏览课文的最后部分。 教师指导学生读句子。 师：你想对课文中的人物说什么呢？可以对陶罐说，可以对铁罐说，也可以对自己说。请大家思考一下。 生：我对铁罐说："你很骄傲。" ……（听不清楚学生的发言） 最后教师引导学生说出课文的中心思想。	学生每次的朗读声音都很大，教师对朗读没有具体的指导。 没有对朗读提要求。 这样的问题没有意义。 学生的发言没有层次。	朗读指导要落实，比如，某同学手怎么指的、表情怎样、哪个词语读得比较重等。这样，学生就会明白该怎么做动作，以及有感情地朗读了。 应该允许学生有多种思考，促进学生多元智能的发展。	

77

·案例分析·

在以上四个案例中,观察者都详细记录了在课堂中看到、听到、感受到和思考过的现象与问题,让我们不仅了解了这四节课的实际授课过程,发现了课堂教学中的一些现象和问题,并且体会到基于观察者经验的一些分析与思考。这样的课堂观察田野笔记为课堂教学研究提供了鲜活翔实的第一手资料。

在"实地情况"一栏,要客观详细地记录课堂中发生的事件,甚至是师生的对话,这样做有利于课堂重现。

"直接感受"一栏反映的是观察者最直观的感受和看法,所以记录时观察者要尽可能将自己的直接感受记录下来。例如,案例 2-3 中出现的"哇!惊叹!!大多数学生都已经准备好答案,有备而来啊!!!""学生成了文明观众。尴尬!"……观察者当时的第一感受跃然纸上,再加上对当时课堂情境的描述,即便课堂观察结束一段时间后再回顾讨论这节课时,观察者和其他教师也都能有身临其境的感觉。

在"方法笔记"一栏,应该记录观察者所使用的具体方法及其作用。但在进行课堂观察时,为避免影响正常的课堂活动,观察者不能随意改变位置或改变观察记录手段等,所以观察者所使用的观察方法基本不会发生大的变化,因此,在"方法笔记"一栏,一些教师会记录观察时的一些疑问,也有一些教师会结合自己的教学经验,记录或评价授课教师的教学方法、教学策略等,甚至给出解决问题的建议和思路。

在"分析与思考"一栏,观察者要将自己对问题的原因分析记录其中,透过现象揭露背后的本质。

"方法笔记"和"分析与思考"受观察者经验的影响很大,因此更能够反映出课堂观察田野笔记的质量和水平。

观点辨析

课堂观察田野笔记与普通听课笔记

请结合课堂观察田野笔记方法及其案例,比较课堂观察田野笔记与您平时的普通听课笔记的相同点和不同点,并填写在图 2-1 中。

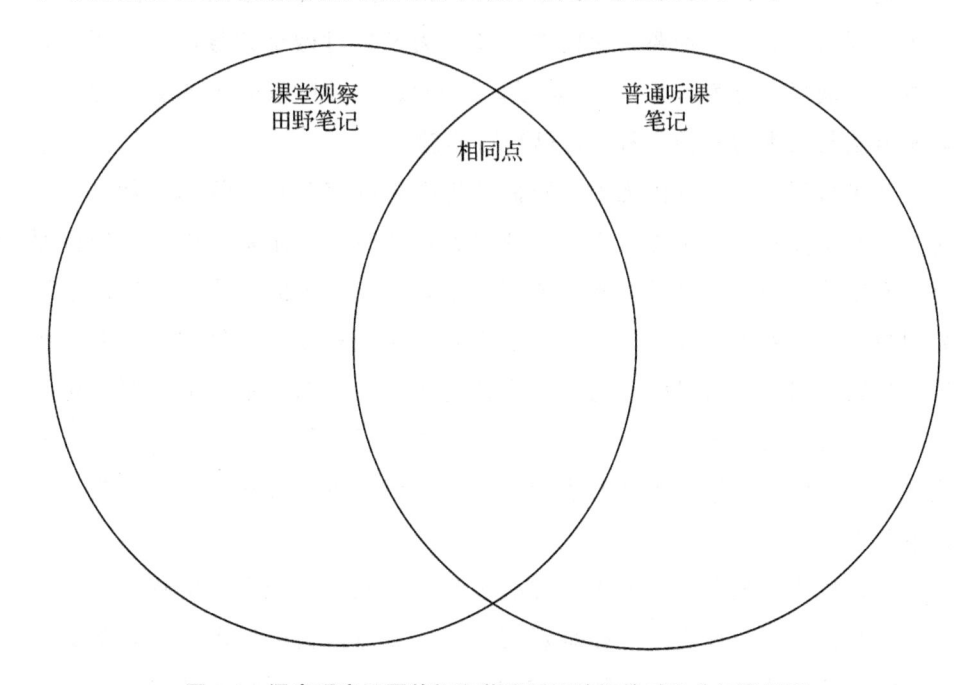

图 2-1 课堂观察田野笔记和普通听课笔记的对比分析维恩图

专家讲座

记号体系分析方法

·什么是记号体系分析方法·

记号体系也叫项目清单，是指预先列出一些需要观察且有可能发生的行为，观察者在每一种要观察的事件或行为发生时做个记号，其作用就是核查所要观察的行为有无发生（陈瑶，2000）。记号体系分析方法作为课堂观察方法与技术的一种，有着自己独特的魅力。

在进行记号体系分析之前，我们首先必须确定观察的行为是什么，这对我们的研究有何意义等。因此，观察者在使用记号体系分析方法进行课堂观察之前，要预先设想一些需要观察且有可能发生的行为，并将这些计划观察的行为列入一张事先编制好的记号体系观察表中。例如，如果观察者想要聚焦课堂中的对话行为，那么就需要事先考虑课堂中都有哪些对话行为，如何界定这些对话行为，把计划观察的行为界定清楚后，就可以把这些内容都列入记号体系观察表中。在设计记号体系观察表时，需要注意以下几点。

①记号体系观察表中的内容都必须是可观察、可记录、可解释的。观察只是对行为的一种快照，很难观察学生、教师头脑里的东西，只能观察那些能观察到的东西，如人物（行为的主体）、频率（行为发生的程度）、性质（行为的表现性）、持续时间（行为持续的时间长度）、反应时间（学生接受指示与做出要求的行为所间隔的时间）、强度（行为的强度和力度）、地点（行为在哪里发生）等（周文叶等，2008），这些观察的内容还必须是可记录

和解释的，否则就失去了课堂观察的意义。

②要注重记号体系观察表的效度，即记号体系观察表中的观察指标必须比较全面地揭示所要观察的内容。这就要求观察框架在逻辑上是合理的，所选择的观察指标既要有代表性，又不能相互涵盖。

③要注重记号体系观察表的实用性，即所选择的观察指标要简洁，便于速记、反思，具有很强的可操作性。

以聚焦课堂对话方式为例，我们研究团队根据顾泠沅教授曾使用的问答量表(顾泠沅，1999)，结合多年的课堂教学研究，设计了课堂对话方式观察表，如表2-6所示。该观察表共包含三个维度，分别是教师挑选回答问题的方式、学生回答的方式、教师回应的方式。

表2-6 课堂对话方式记号体系观察表

观察维度		记号记录	频　次	比例(%)
教师挑选回答问题的方式	提问前先点名			
	让学生齐答或自由答			
	叫举手者答			
	叫未举手者答			
	鼓励学生提出问题			
学生回答的方式	集体齐答			
	讨论后汇报			
	个别回答			
	自由答			
	无人回答			

续表

观察维度		记号记录	频 次	比例(%)
教师回应的方式	肯定回应			
	否定回应			
	无回应			
	打断回答或教师代答			
	重复学生回答并解释			

在进行课堂观察时，观察者需要以记号体系观察表为记录工具，将聚焦点集中在记号体系观察表中所列出的行为上，而对于记号体系观察表以外的课堂行为则不必关注。观察者可以采用"正"字记号法或其他计数方法，每当表中的事件或行为发生时就做一个记号。以表2-6为例，每当授课教师提出一个问题，观察者就需要根据表中的三个维度对对话方式进行判断，假如教师是在提问前就点名指定学生回答，那么观察者就需要在"提问前先点名"所在行的"记号记录"表格中记录一次；假如教师是在提问后根据学生的举手情况选择举手的学生回答，那么观察者就需要在"叫举手者答"所在行的"记号记录"表格中记录一次。对教师挑选回答问题的方式记录之后，就可以按照相同的方法，根据课堂提问的实际情况对学生回答的方式及教师回应的方式进行记录。需要注意的是，课堂中每发生一次对话，记号体系观察表中的三个维度应分别增加一个记号，不能出现一个或两个维度上没有记录记号，或是在一个维度上记录多个记号的情况。当观察结束后，观察者可以统计每个维度记录的记号总数，如果数量不相等，则说明记号在记录过程中出现了问题，此时的数据是无效的；如果数量相等，则说明数据有效。

课堂观察结束后，观察者需要统计出每个观察维度的记号数量，即每种行为发生的频次，再计算出每种行为在其所属上一级维度中所占的比例。运用频次和比例就可以进一步分析出本节课中教学行为的特点和反映出的问题。

·常用的记号体系分析方法·

一般来说,记号体系都有严格的教育研究背景和理论支撑,因此我们要根据不同的研究问题来确定使用不同的记号体系分析。到目前为止,国内外教育研究者已经开发了大量的记号体系观察表,其逻辑上的严密性和科学性都经过了实践检验,可供课堂观察者直接使用。下面我们就对五种常用的记号体系分析方法逐一进行介绍。

一、问题类型分析方法

问题类型分析方法是对课堂中教师所提问题的类型进行记录与分析的一种聚焦式课堂观察方法。

迄今为止,大多数教育家都认为问题解决是最有意义和最重要的学习与思维活动,几乎所有的教学活动都与各种形式的问题相关。在创新教育与课程改革的背景下,具有教学的"问题"敏感意识且有更重要的地位。与问题有关的教学研究具有强大的生命力,这引起了研究者们的多方关注(胡小勇,2005)。有学者认为,课堂中的问题是指在一定情境中某种未知的实体,而问题解决是复杂的认知过程与"教与学"的行为。通过一系列精心设计的类型丰富、质量优良的有效教学问题(教学问题集)来贯穿教学过程,培养学习者解决问题的认知能力与高级思维能力,是一种有价值的教学模式(Jonassen,2002)。

麦卡锡(McCarthy,1996)在4MAT模式中将问题分为四种类型,即是何类问题、为何类问题、如何类问题及若何类问题,简称"四何"问题。"四何"问题的记录要求有明确的引导语,且与教学内容直接相关。

1. 是何类问题

通常是指以 What,Who,When,Where 为引导,指向一些表示事实性内容的问题。这类问题主要涉及事实性知识的回忆与再现,或者是通过说明、解说、转述来阐明某种事实性的意义,该类问题的解决意味着学习者事实性知识的获取。

2. 为何类问题

通常是指以 Why 为引导,指向一些表示目的、理由、原理、法则、定律和逻辑推理的问题。这类问题侧重于探寻事物之间,以及事物内部各部分之间的原理和逻辑关系,以便对时间、行为、观点、结果等进行合理的解释和推理。该类问题的解决意味着原理性知识的获取。例如:为什么苹果成熟后会从树上掉在地面上?

3. 如何类问题

通常是指以 How 为引导,指向一些表示方法、途径与状态的问题。这类问题主要侧重于关注各类过程与活动中事关技能、流程性的知识解答,通常蕴含于人们的技能与实践流程之中。该类问题的解决意味着策略性知识的获取。例如:怎样才能知道一个苹果的重量?

4. 若何类问题

通常是以 What...if... 为引导的、指向一些表示条件发生变化、可能产生新结果的问题。这类问题侧重于要求学习者推断或思考如果原有问题或事件的各种要素和属性发生了相应变化时,会产生什么样的新问题和新结果。若何类问题复杂多变,易于产生思维迁移,通过解决若何类问题,易于使学习者获得创造性的知识。该类问题的解决意味着创造性知识的获取。例如:在没有大秤或起重机,而只有船和石头的情况下,怎样才能知道一头大象的重量呢?

表 2-7 麦卡锡对问题类型的划分

问题类型	解 释	举 例
是何类问题	指向事实性问题，如定义性问题等；该类问题的解决意味着学习者事实性知识的获取。	苹果树是什么种类的植物？它的外形是什么样的？（果树，圆形）
为何类问题	指向原理、法则、逻辑等问题，如推理性问题等；该类问题的解决意味着原理性知识的获取。	为什么苹果成熟后会从树上掉在地面上？（万有引力原理）
如何类问题	指向表示方法、途径与状态的问题，如技能与流程性问题等；该类问题的解决意味着策略性知识的获取。	怎样才能知道一个苹果的重量？（用弹簧秤或天平称重量/质量的方法）
若何类问题	指向条件发生变化、可能产生新结果的问题，如假设性问题等；该类问题的解决意味着创造性知识的获取。	假如在没有大秤或起重机，而只有船和石头的情况下，怎样才能知道一头大象的重量呢？（曹冲称象的创造性解决方法等）

教师在进行教学设计时，会围绕所讲的知识点设计不同的问题，引发学生的思考，然而很多教师往往是根据自己的经验进行问题设计，并没有考虑自己所设计的问题是否合理，是否符合所讲课型。事实上，课堂中的问题设计是大有学问的。教学问题的设计能够为学习者预先构制聚焦教学思考的框架，使教学进程朝预先设计的方向发展，培养学习者思维技能的持续发展（胡小勇等，2005）。利用记号体系分析方法，研究者可以着重观察教师的问题类型，发现问题设计中存在的问题并提出恰当的改进建议。

表 2-8 是对一节数学技能课的问题类型进行的观察记录结果。

表 2-8 问题类型记录表

问题类型	记号记录	频次	比例(%)
是何类问题	正丁	7	70
为何类问题	一	1	10
如何类问题	丁	2	20
若何类问题		0	0

【请您思考】

您认为表 2-8 中的数据说明了什么问题？这节课的问题设计是否合理？问题的频次和比例是否符合数学技能课的课型特点？如果授课教师再进行技能课的教学时，应该如何改进自己的问题设计？

【解读与建议】

本节课教师共提出 10 个问题：7 个是何类问题、1 个为何类问题、2 个如何类问题、0 个若何类问题。数学技能课应着重培养学生的数学方法和数学技能，而这节课以是何类问题为主，体现数学方法与技能的如何类问题仅占 20%，可见这节课中的问题是以强化概念为主，而没有足够的引发学生对方法和技能的理解与探究。

授课教师在自我反思中提到，所教班级学生的数学基础较为薄弱，因此课堂中的提问多以简单的概念性问题为主，数学方法与技能主要由教师直接讲授。

建议授课教师在讲授数学技能课时，适当增加如何类问题和若何类问题的比例，让学生真正学到数学方法，并能够在不同条件下掌握技能。相应地，是何类问题的比例应该有所下降。针对学生数学基础比较薄弱的客观事实，教师可以通过适当降低问题的难度，设置问题的梯度，开发问题解决支架，引导学生思考和回答，切实提高学生的数学方法与技能。

二、课堂有效性提问分析方法

提问是教师在教学中经常使用的方式,是实现师生互动的重要手段,是师生交往、互动和对话的重要外显形式,但很多教师并没有自觉地意识到自己在课堂中的提问可能陷入了一种固定的程式。教师在课堂中的提问有时可能仅仅是为了调控和管理课堂,如当发现课堂气氛有些乱、有些学生走神时,很多教师会选择通过提问来吸引学生的注意力,然而这时教师所问的问题大多是一些简单的事实性的问题,不足以激发学生思考的兴趣,对促进学生的有效学习并没有多大帮助。如何提问,可以从一个侧面反映教师的教学观念、教学技能、教学智慧。因此,教师需要对提问的类型(如教师所提的问题是否都是同一类型,是否符合教学目标,是否符合教学对象等);提问发生的情境(如提问是在什么情况下发生的?是在激烈讨论的过程中,还是在昏昏欲睡的气氛中,还是在沉思的情况下等);提问的语言、提问对后来的学习或其他相关问题的反思等进行观察和思考,以提高提问的有效性。研究课堂提问行为对更新教师教学观念,提高教师教学技能和教学智慧具有重要的现实意义。

1999年,顾泠沅教授在对一节几何课的观察与研究中,运用课堂提问的方法进行了深入分析。这节课一共出现了105个问题,如此高密度的提问连授课教师自己都不敢相信。表2-9反映的就是这节课中提问行为的具体观察数据。

表2-9 各种提问行为类别频次统计表

行 为 类 别		频 次	比例(%)
A. 提出问题的类型	1. 常规管理性问题	3	2.8
	2. 记忆性问题	**78**	**74.3**
	3. 推理性问题	22	21
	4. 创造性问题	2	1.9
	5. 批判性问题	0	0

续表

行 为 类 别		频 次	比例(%)
B. 教师挑选回答问题的方式	1. 提问前先点名	0	0
	2. 让学生齐答	44	41.9
	3. 叫举手者答	**57**	**54.3**
	4. 叫未举手者答	1	1
	5. 鼓励学生提出问题	3	2.8
C. 教师回应的方式	1. 打断学生回答或自己代答	12	11.4
	2. 对学生回答不理睬或消极批评	2	1.9
	3. 重复自己的问题或学生的答案	13	12.4
	4. 对学生的回答鼓励、称赞	**78**	**74.3**
	5. 鼓励学生提出问题	0	0
D. 学生回答的类型	1. 无回答	2	1.9
	2. 机械判断是否	39	37.1
	3. 认知记忆性回答	**45**	**42.9**
	4. 推理性回答	18	17.1
	5. 创造评价性回答	1	1
E. 停顿	**1. 提问后没有停顿或不足3秒**	**91**	**86.6**
	2. 提问后停顿过长	5	4.8
	3. 提问后适当停顿3～5秒	8	7.6
	4. 学生答不出来耐心等待几秒	1	1
	5. 对特殊需要的学生，适当多等几秒	0	0

（注：为了便于您的思考与分析，已将每种类型中频次最高的行为用黑体字标出。）

【请您思考】

看到这张比较复杂、观察焦点较多的记号体系观察表，您想到了什么？您认为这张表中的数据反映出该教师的提问是否有效？存在怎样的问题？需要进行哪些改进？

【解读与建议】

首先，在这节课中，提问的类型以记忆性问题为主（74.3%），推理性问题次之(21%)，极少有创造性问题，没有批判性问题。同时，学生回答的类型以认知记忆性回答为主(42.9%)，机械判断次之(37.1%)。教师将可供探究的问题分解为较低认知水平的"结构性回答"，比较强调认知的识记与理解目标，强调知识覆盖面，这种问答组织化程度高，有利于扫除教学障碍，但教师忽视了综合与评价的认知目标，不利于培养学生的高阶认知水平。

其次，在教师挑选回答问题的方式中，教师喜欢叫举手的学生回答问题(54.3%)，或让学生齐答(41.9%)，教师对课堂的控制程度很高，追求教学进度的完成。但由于几乎未叫过不举手的学生回答问题，一方面学困生几乎没有办法参与课堂互动；另一方面学生中的问题暴露不够，个体差异未被充分关注。当然，在后续研究时还需要了解教师挑选举手的学生是集中在少数人身上，还是将回答问题的机会给予了更多举手的学生。

再次，在教师回应方式中，教师注重对学生的回答予以鼓励或称赞(74.3%)，但也有打断学生或消极批评(13.3%)等情况存在。假如教师鼓励与称赞的对象都是学优生，那么学困生在课堂中可能会感到有非常大的压力。

最后，教师提问后基本没有停顿或停顿时间不足3秒(86.6%)，这一做法不利于学生深入思考。

结合以上数据分析，建议教师在以下三个方面进行改进。

第一，教师需要有意识地设计不同类型的问题，而且特别需要注意将问题类型与学生认知目标相结合，尤其是高阶认知目标，即综合、理解、评价。建议教师适当增加创造性问题和批判性问题，并且给予学生相应的思考时间。

第二，教师在挑选回答问题的方式上，除了"叫举手者答"之外，还可以采取一些其他方式，如采用小组形式，给学生更多的空间和时间进行讨论，由小组自己推荐代表回答问题，这样可以增加学困生在课堂中与其他学生的交流时间，也给予了学生充分思考回答问题的时间。同时，可以通过开展小组之间的竞争性学习来激发学生的积极性，减轻课堂中个人回答问题的压力，而且还可以给学生更多自主思考的时间。

第三，对于学优生，教师除了简单的鼓励和称赞之外，还需要更多地引导他们去思考更进一步的问题，而不是简单地回应说："好，回答正确，你回答得非常好。"而对于学困生，当他们回答正确时，教师更要给予真诚的赞扬和鼓励，而且特别需要告诉学困生回答正确的原因。

三、课堂对话方式分析方法

课堂对话方式分析方法是对课堂中师生基于问题的对话方式进行记录与分析的一种聚焦式课堂观察方法。这种分析方法不关注师生对话的内容，只关心对话的方式，包括教师挑选回答问题的方式、学生回答的方式和教师回应的方式三个维度。其中，教师挑选回答问题的方式包括五个观察维度，即提问前先点名、让学生齐答或自由答、叫举手者答、叫未举手者答、鼓励学生提出问题；学生回答的方式包括五个观察维度，即集体齐答、讨论后汇报、个别回答、自由答、无人回答；教师回应方式包括五个观察维度，即肯定回应、否定回应、无回应、打断回答或教师代答、重复学生回答并解释。

表2-10是对一节高中语文课的课堂对话方式进行的观察记录结果。

表2-10 课堂对话方式记录表

观察维度		频次	比例(%)
教师挑选回答问题的方式	提问前先点名	0	0
	让学生齐答	17	48.6
	叫举手者答	3	8.6
	叫未举手者答	12	34.2
	鼓励学生提出问题	3	8.6

续表

观察维度		频次	比例(%)
学生回答的方式	集体齐答	9	25.7
	讨论后汇报	0	0
	个别回答	20	57.2
	自由答	6	17.1
	无人回答	0	0
教师回应的方式	肯定回应	23	65.7
	否定回应	1	2.9
	无回应	7	20
	打断回答或教师代答	2	5.7
	重复学生回答并解释	2	5.7

【请您思考】

您认为表 2-10 中的数据说明了什么问题？这节课的对话方式是否合理？存在怎样的问题？

【解读与建议】

教师提问后，有近一半的问题选择让学生齐答。让学生齐答是教师最常使用的一种挑选学生回答问题的方式，通常情况下，这部分问题的难度较低，大多数学生通过一定的思考就可以回答出来，也是大多数学生参与课堂互动的主要方式。叫未举手者答的比例位居第二，为 34.2%，这反映出教师很注重课堂中学生的参与性，尤其是一些学困生或者课堂表现不积极的学生。此外，叫举手者答和鼓励学生提出问题的行为还占有一定的比例。可以说，教师在挑选学生回答问题的方式上做得非常好，吸引并调动了绝大多数学生参与课堂学习。

在学生回答的方式中，学生个别回答最多，占整个回答次数的 57.2%，这反映出教师给予学生比较充分的个别表达观点的机会。通过学生的个别表达，教师更容易了解学生的学习状况，及时发现学习中存在的问题。

在教师回应的方式中，绝大多数情况下教师能给予肯定回应，但是也出现了较高比例（20%）的无回应现象。当学生回答后，教师不给予回应将会给学生的学习带来一定的负面影响，首先是让学生得不到及时的反馈；其次会给学生的情绪造成一些消极影响。希望教师在今后的教学中能尽量减少无回应的现象。

四、师生对话深度分析方法

对话是师生间交流思想的重要方式，高质量的对话是有效学习不可或缺的因素。对话作为课程改革的核心理念之一，正在深刻影响与改变着教师的教学行为和学生的学习方式。师生对话最重要的方式是语言交流，双方表达得是否贴切、准确，直接影响课堂的效果。通过有效对话，学生可以在轻松愉快的氛围中有效地获得知识、提升思维。

然而很多教师并没有意识到课堂对话深度的问题，这一现象在较低学段的课堂中尤为明显。教师提出问题后，选择学生回答，教师给予回应后很少进行进一步的追问，而恰当的追问可以有效激活学生的思维，拓展学生的思维空间。深度对话的缺失在很大程度上抑制了学生思考的空间，抑制了学生的思维活动，将教学引向枯燥的机械记忆（陈逸群，2011）。

课堂中的师生对话深度可以用级数来表示，一级深度是指教师与学生之间的一问一答，二级深度是指教师与学生之间的两问两答，以此类推。

例如：在案例2-6中，出现了这样一组对话：

师：你是从哪些词语或者句子中看出铁罐对陶罐狂妄自大的？

生：你怎么可以和我相提并论、住嘴、恼怒。

师：相提并论到底是什么意思？

生：就是不能把它们放到一起来讨论问题。

这样的对话就达到了二级深度。

表 2-11 是对一节初中数学课进行的对话深度观察结果。

表 2-11 对话深度频次统计表

对话深度	频次	比例(%)
一级深度	15	88.2
二级深度	2	11.8
三级深度	0	0

【请您思考】

您认为表中的数据说明了什么问题？教师在课堂中对学生的启发和引导是否到位？教师应该怎样改进？

【解读与建议】

从表 2-11 中可以看出，在本节课中，教师和学生的对话绝大多数处于一级深度，共 15 次，占 88.2%；只出现了 2 次二级深度对话；没有出现三级深度对话。可见，在本节课中，师生对话的层次较浅，作为初中数学课，学生所学知识已经有了一定的深度和难度，教师应在课堂中注重引导学生进行发散思考。

五、目标学生的非投入行为分析方法

新课程改革特别强调学生的自主学习，提倡教师在课堂中开展基于小组的合作学习。近年来，学生在课堂中的活动时间比传统课堂中的活动时间多了很多，而这时，往往会有一部分学生出现一些非投入行为。所谓非投入行为是指学生没有真正投入和参与课堂的学习活动时表现出来的一些行为。这时教师可以针对一些目标学生进行观察，看看他们非投入行为的严重程度。一旦学生发生较多的非投入行为，教师就需要考虑如何解决，如何减少非投入行为的发生次数。对目标学生的非投入行为的观察就可以使用记号体系分析方法进行。

例如，某位教师在课堂教学中经常会进行小组合作学习，小组由座位相邻的前后四个学生组成，因某种原因，学生的座位不能经常变动，其中，第五小组的表现一直不是很理想，总是不能按时完成教师布置的学习任务。这时，我们可以将第五小组的学生作为我们要观察的目标学生，该小组在合作学习中的非投入行为就成为我们的观察焦点。为此，我们需要了解学生在课堂中可能会出现哪些非投入行为，经过对这个班级的课堂观察以及与该教师的访谈，我们列出了九种课堂小组合作学习中经常出现的非投入行为，分别是：

① 闲聊与任务无关的话题；
② 做与任务无关的事情；
③ 打瞌睡或睡觉；
④ 发呆；
⑤ 做小动作；
⑥ 离开自己所在的小组；
⑦ 侵扰其他学生；
⑧ 大声说话；
⑨ 其他。

在进行课堂观察时，观察者坐在第五小组附近，每2分钟扫视一次，观察这四名学生的非投入行为，并在表格中填上相应的编码数字，如果某个学生在这次扫视中是投入学习的，则不填任何数字。表2-12是对第五小组在一次20分钟的合作学习中的非投入学习行为的观察记录。

表 2-12　第五小组学生非投入学习行为观察表

学　生	扫视次数（每 2 分钟扫视一次，共 10 次）										比例(%)
	1	2	3	4	5	6	7	8	9	10	
学生甲	⑤				①			⑧	①	①	50
学生乙				⑤			④			②	30
学生丙	③	③	③		⑤	⑤		⑥	①	①	80
学生丁					①		⑦		⑧		30

【请您思考】

您可以从表格中看出什么？学生是否出现了问题？该小组的合作学习开展得如何？如果您是他们的授课教师，看到这样的记号体系观察结果后有什么感想？

【解读与建议】

从表 2-12 中可以看出，在 20 分钟的小组合作学习中，四名学生对于小组学习的非投入情况存在较大差异。其中，学生丙的非投入行为比例高达 80%，其次是学生甲，学生乙和学生丁的非投入行为比例最低。

在小组合作学习的开始阶段，学生丙一直在睡觉，然后做小动作，而后又离开小组，并闲聊，这样的小组学习对于学生丙来说过于宽松自由，可能是因为学习任务没有激起他的兴趣，抑或是对学生丙来说这样的学习任务过于困难……经过课后与学生丙的交谈，了解到学生丙的成绩一直不好，他觉得小组中成绩好的学生不关注他，没有和他形成对话，他感受不到小组的学习气氛，所以不愿意参加小组活动。

学生乙和学生丁的非投入行为都只有三次，但是具体的非投入行为也有所不同。学生乙的非投入行为表现有做小动作、发呆和做与任务无关的其他学习工作，可以看出学生乙的这些非投入行为都是他个人的单独行为，对其他同学产生的影响比较小；而学生丁的非投入行为表现有闲聊、侵扰学生和大声说话，这些行为会对其他同学产生较大的影响，因此需要对学生丁进行适当的批评教育。

从表 2-12 中还可以看出，20 分钟内的扫视几乎没有一次是四名学生全部投入学习的，可见小组学习质量是比较低的。面对这样的小组学习状况，教师应该先教给学生小组合作学习的方法与技巧，包括小组的分工、规范、评价等，吸引学生投入学习之中，并在学习过程中给予适当的指导与鼓励，切实提高小组合作学习的质量。

需要注意的是，如果只观察少量的学生，这种观察是比较容易进行的；如果要观察全班学生，通常只能在每次扫视时记录非投入学习的学生人数。

·记号体系分析方法的优缺点·

通过以上几个案例我们可以发现，记号体系分析方法易学易用，尤其是当记号体系观察表中行为的操作性定义既清晰又不互相交叉时，记号体系分析方法是很容易通过简单训练就可以直接应用的。同时，记号体系分析方法中的多种信息可以直接从记号体系观察表中得到，各类行为的频次和比例也很容易通过计算产生。这些数据结果直接明了，不需要太复杂的学习就可以轻松解读，观察者结合自己的经验，可以较容易地从数据中发现问题。因此，记号体系分析方法对信息的分析与加工是较为经济实用的。

记号体系分析方法虽然具有很多优点，但正如之前所讲的，每一种课堂观察方法在拥有各自的优势的同时也有各自的不足。对于记号体系分析方法来说，观察者只能记录事先选择好的有限数量的事件，若记号清单所列观察对象过多，则观察者很难获得成功，特别是对于刚刚接触记号体系分析方法的观察者来说，经验还比较少，记号体系观察表中观察的事件量不宜过多，否则很可能会导致观察失败。由于记号体系分析方法记录的是行为发生的频次，因此观察者所收集到的资料不能提供具体的人际互动、连续性的行为和事件的本质，即记号体系只记录事件的发生而不记录事件的具体内容，观察者无法通过记号体系分析方法的数据结果了解到事件的实际情况，从而可能会对某些研究的深入开展产生影响。因此，在真正实施课堂观察时，需要综合地使用多种课堂观察方法来进行交错式的研究。

案例赏析

记号体系分析方法

以下四个案例是针对不同教师、不同学科的课堂教学进行的课堂对话方式记号体系分析，这四个案例均选自教育部"十一五"重点课题——"教师网络教育活动的设计理论与实践"。

案例 2-7 田忌赛马

> 本案例来源于全国教育科学"十一五"规划教育部重点课题——"教师网络教育活动的设计理论与实践"。

课例名称：田忌赛马
学科：语文
年级：小学三年级
授课教师：四川省 PTS 小学的梁老师

【案例简介】

"田忌赛马"是小学三年级语文课的教学内容。三年级学生的思维比较活跃，常有思维的火花闪现。教师在进行教学设计时，应注重拓展学生的思维，提高学生独立思考的能力，培养学生的创新能力，创造各种条件引导学生参与学习的过程，发挥他们的主体作用。

因此，教师在学法上采用的是先由教师讲授方法，勾画心理变化的词语，感知人物形象，再通过提示引导学生运用自学的方式，让学生学会勾画描写人物心理变化的词语，并再次感知人物形象。在整节课中，学生参与度很高，在勾画、朗读、说话练习等环节中表现十分出色，教师在评价方面也给予学生许多正向的鼓励，做到了尊重学生的个性。

【课堂对话方式分析结果】

表 2-13 "田忌赛马"课堂对话方式分析结果

观察维度		记号记录	频 次	比例(%)
教师挑选回答问题的方式	提问前先点名		0	0
	让学生齐答或自由答	丅	3	15
	叫举手者答	正正正丅	17	85
	叫未举手者答		0	0
	鼓励学生提出问题		0	0
学生回答的方式	集体齐答	丅	3	15
	讨论后汇报		0	0
	个别回答	正正正丅	17	85
	自由答		0	0
	无人回答		0	0
教师回应的方式	肯定回应	正正正	15	75
	否定回应		0	0
	无回应	丅	2	10
	打断回答或教师代答		0	0
	重复学生回答并解释	丅	3	15

【案例点评】

在本节小学语文课上，课堂气氛十分活跃，学生积极举手回答问题，教师在挑选回答问题的方式上大多采取"叫举手者答"的方式，相应地，学生的回答方式也大多是"个别回答"，而教师通常能给予学生肯定回应。这样的提问方式对于小学生来说具有很好的鼓励作用，有助于帮助学生树立自信心，从而培养学生对语文学科的兴趣。需要注意的是，教师在从举手者中挑选学生时，每次要尽可能选择不同的学生来回答问题；同时，当问题相对简单时，也要适当选择一些未举手的学生来回答，以提高学困生的积极性和自信心。

案例 2-8　在生活中发现肌理

本案例来源于全国教育科学"十一五"规划教育部重点课题——"教师网络教育活动的设计理论与实践"。

课例名称： 在生活中发现肌理

学科： 美术

年级： 初中一年级

授课教师： 广东省 HB 中学的梁老师

【案例简介】

"在生活中发现肌理"一课是初中一年级美术课的教学内容。美术课重在培养学生的美感，而本课内容主要是引导学生善于在生活中发现和寻找肌理美的形象素材。因此教材虽为课程之本，但只是教与学的一种重要资源，而不是唯一资源。梁老师在讲课的过程中对教材内容进行了整理和补充，创造性地使用教材，给学生展示了丰富多彩的学习参考资料，不仅体现了艺术和生活的结合，更延伸了课堂教学内容，丰富了学生的知识，拓展了学生的思维。

【课堂对话方式分析结果】

表2-14 "在生活中发现肌理"课堂对话方式分析结果

观察维度		记号记录	频 次	比例(%)
教师挑选回答问题的方式	提问前先点名		0	0
	让学生齐答或自由答	正正正一	16	57.1
	叫举手者答	正	5	17.9
	叫未举手者答	正	5	17.9
	鼓励学生提出问题	丁	2	7.1
学生回答的方式	集体齐答	一	1	3.6
	讨论后汇报	一	1	3.6
	个别回答	正正	10	35.7
	自由答	正正正一	16	57.1
	无人回答		0	0
教师回应的方式	肯定回应	正正正一	16	57.1
	否定回应		0	0
	无回应	正	5	17.9
	打断回答或教师代答		0	0
	重复学生回答并解释	正丁	7	25

【案例点评】

在本节初中美术课上，教师对教材内容进行了丰富的扩展，甚至拿出自己的油画作品帮助学生发现生活中的肌理。由于没有升学考试的压力，因此课堂气氛轻松活跃，教师挑选回答问题的方式和学生回答的方式都以自由答为主。当话题被打开之后，学生的积极性很高，教师还选择了一些未举手的学生来回答问题，并且做到了鼓励学生提出问题。同时，教师对学生的回答通常给予肯定回应，这也有助于对学生自信心的培养。但是教师在回应学生时，出现了25%的重复学生回答并解释的行为，以及17.9%的无回应行为，这需要引起教师的注意。

案例 2-9　不一样的电路

> 本案例来源于全国教育科学"十一五"规划教育部重点课题——"教师网络教育活动的设计理论与实践"。

课例名称：不一样的电路

学科：科学

年级：小学四年级

授课教师：广东省 BZFS 小学的潘老师

【案例简介】

"不一样的电路"一课是小学四年级科学课的教学内容。经过了一年多科学课的学习，四年级的学生已经具备了一定的动手能力和思维能力，而且对于"电路"的基本知识也有了一定的了解。因此，本节课主要是让学生通过不同方式的电路连接来发现科学的乐趣，培养他们勇于挑战的态度和乐于与同伴交流、分享、协作的精神。课堂中，新颖的电路实验材料激起了学生的探究兴趣，教师在出示材料时故意不讲明怎么做，由学生在小组内自己去讨论和发现，这就进一步激发了学生的兴趣。当学生通过自己的摸索和尝试连接好电路时，感觉很兴奋、很满足。由此可见，教师能够抓住学生的心理特点，充分调动起学生的主动性和积极性。

【课堂对话方式分析结果】

表 2-15 "不一样的电路"课堂对话方式分析结果

观察维度		记号记录	频 次	比例(%)
教师挑选回答问题的方式	提问前先点名		0	0
	让学生齐答或自由答	正	5	31.2
	叫举手者答	正正一	11	68.8
	叫未举手者答		0	0
	鼓励学生提出问题		0	0
学生回答的方式	集体齐答	下	3	18.7
	讨论后汇报	正丅	7	43.8
	个别回答	正一	6	37.5
	自由答		0	0
	无人回答		0	0
教师回应的方式	肯定回应	正丅	7	43.8
	否定回应	一	1	6.3
	无回应	丅	3	18.7
	打断回答或教师代答	丅	2	12.5
	重复学生回答并解释	丅	3	18.7

【案例点评】

本节小学科学课重在培养学生的兴趣。教师采用了小组合作的教学方式，让学生自己动手进行实验，从而根据实验现象得出结论。因此，学生在回答问题时，大多是小组"讨论后汇报"或者是由小组派代表"个别回答"，教师在回应方式上以鼓励为主，有时也会对学生的回答进行补充和解释。需要注意的是，出现了一定程度的无回应和打断回答的现象。

案例 2-10 轴对称图形

本案例来源于全国教育科学"十一五"规划教育部重点课题——"教师网络教育活动的设计理论与实践"。

课例名称：轴对称图形
学科：数学
年级：初中一年级
授课教师：广东省 BH 中学的黄老师

【案例简介】

"轴对称图形"一课是初中一年级数学课的教学内容。本节课学习的主要目标是训练和培养学生的抽象思维能力，这对于初中一年级学生来说具有一定的难度。黄老师在讲课的过程中借助交互式电子白板的丰富功能，向学生生动地展示了轴对称图形，帮助学生将抽象的知识转化为具体的图形，促进了学生对知识点的理解和学习。

【课堂对话方式分析结果】

表 2-16 "轴对称图形"课堂对话方式分析结果

观察维度		记号记录	频次	比例(%)
教师挑选回答问题的方式	提问前先点名		0	0
	让学生齐答或自由答	正	5	41.7
	叫举手者答	正	4	33.3
	叫未举手者答	下	3	25
	鼓励学生提出问题		0	0

续表

观察维度		记号记录	频次	比例(%)
学生回答的方式	集体齐答	正	5	41.7
	讨论后汇报	丅	3	25
	个别回答	正	4	33.3
	自由答		0	0
	无人回答		0	0
教师回应的方式	肯定回应	正丅	8	66.6
	否定回应	丅	2	16.7
	无回应		0	0
	打断回答或教师代答		0	0
	重复学生回答并解释	丅	2	16.7

【案例点评】

在本节初中数学课中，教师在挑选回答问题的方式上顾及绝大多数学生，"让学生齐答或自由答""叫举手者答""叫未举手者答"三项数据比较平均，学生回答的方式与教师挑选回答问题的方式基本对应。教师的肯定回应占总体回应次数的一半以上，且没有出现无回应或打断回答的现象，可见教师十分注重对学生的肯定和鼓励。

> **专家讲座**

编码体系分析方法

·什么是编码体系分析方法·

编码体系分析方法通常是根据认知理论、教学理论以及专业课程等知识,针对课堂教学录像中师生的公共对话进行信息编码,以实现隐性知识外化,产生能用于分析教学过程新知识的一种课堂观察分析方法。

一般编码体系的信息编码有两个基本目标:①描述构建教学质量,这通常与课程标准有直接关系;②有效地反映课堂教学的真实情况。因此,针对对话的信息编码包括两方面的任务:既要对教学的结构进行编码,又要对教学过程中实时发生的事件进行编码。

编码体系要求确定要观察的具体项目,然后对准备观察的具体项目进行编码。编码体系通常采取时间取样法,观察在特定的时间内发生的特定行为,并以行为编码表示。

语言是教师和学生教与学的关键工具之一,其对教育的影响是有目共睹的。例如,有研究文献表明,实施数学教学改革必须把很大的注意力放在改变课堂教学的语言上(蒋鸣和,2004)。

课堂教学是在课堂的情境下,以教师、学生作为对话的主体,以言语作为主要的交流方式,以人的自由自觉发展为终极取向的教育活动(邱微和张捷,2006)。课堂教学行为的分析与研究可以通过对课堂中公共对话的深入研究,来发现和揭示师生在课堂教学过程中教与学的规律,提高教师的课堂教学能力和教学效率,增强教师课堂教学的目的性和自觉性,促进教师教学实践行为的改进,并最终促进学生学业成绩的提高与全面发展。关注课堂教学中教师和学生的对话,将极大地丰富和发展我们对教学过程的分析研究。课堂中的对话一般可分为公共对话和私人对话两种。公共对话是指教室内每个人都能听到的对话,而私人对话则仅涉及教师和个别学生的对话。在编码体系分析方法中,我们主要关注的是公共对话。

国外有代表性的编码体系有上百种,其中较为著名,同时也是较为成熟的是弗兰德斯互动分析系统(Flanders Interaction Analysis System, FIAS),它自20世纪70年代以来被广泛地加以应用,并不断修订,影响了很多其他编码体系的设计。弗兰德斯互动分析方法能够对课堂互动进行精细深入的分析,但是较为复杂,需要经过一定的训练和积累方可掌握。S-T分析方法也是一种典型的编码体系分析方法,简单有效,易学易用,而且很具有代表性。下面将对弗兰德斯互动分析方法进行简单介绍,之后将着重介绍S-T分析方法。

·两种典型的编码体系分析方法·

一、弗兰德斯互动分析系统

FIAS是由美国学者弗兰德斯提出的一种结构性的、定量的课堂行为分析技术。他认为,研究者不可能也没必要把课堂中所发生的一切都记录下来,课堂观察应该有所选择。由于教学活动主要以言语方式进行,语言行为是课堂中主要的教学行为,占所有教学行为的80%左右(Flanders, 1970)。因此,"课堂语言行为提供了整个课堂行为的充足样本",它在很大程度上代表或决定了整节课的教学行为(王陆等,2008)。此外,由于师生语言行为是明确表达出来的,便于评价者做客观记录,因此,弗兰德斯将课堂观察的重点放在师生语言行为上。

FIAS的要素是教室情境中师生双方的对话。该方法利用一套编码系统把师生语言互动的情形记录下来,并据此做具体分析。因此,FIAS 的使用方法共包括三个部分:①一套描述课堂互动行为的编码系统;②一套关于观察和记录编码的标准;③一个用于显示数据、进行分析、实现研究目的的分析矩阵表格。

1. 编码系统

FIAS 把课堂中师生语言互动的情况分为教师语言、学生语言和无效语言三大类共 10 个类别,其中第 1 类~第 7 类均是记录教师对学生说话的情况;第 8 类和第 9 类是记录学生对教师说话的情况;在课堂上,除了教师与学生的对话外,还有第 10 个类别,即记录课堂中可能出现的沉寂状态,一般包括安静和混乱两种。

表 2-17 FIAS 的编码系统

行为分类		具体行为	编码
教师语言	间接影响	表达感情:教师用没有威胁的方式接纳或澄清学生的感受	1
		表扬或鼓励:教师赞赏或鼓励学生合适的行为	2
		接纳或利用学生的观点:教师澄清、充实或发展学生的观点	3
		提问:教师就内容或程序向学生提问,并希望学生回答	4
	直接影响	讲授:教师就内容或程序提供有关事实或观点,发表自己的见解	5
		命令:教师以语言直接指使学生做出某些行为	6
		批评学生或为权威辩护:教师以权威的方式改变学生行为的语言	7
学生语言		应答:学生为了回应教师而说的话	8
		主动发言:学生自发、主动地讲话	9
无效语言		停顿、短暂的沉默以及混乱	10

2. 观察和记录编码的标准

FIAS 要求在课堂观察中，每 3 秒对课堂教学录像采样一次，并对每 3 秒的课堂语言活动都按编码系统规定的意义赋予一个编码符号，作为观察的记录。这样，如果一节课按照 45 分钟计算，则大约要记录 900 个编码。这些符号将代表课堂上按时间顺序发生的一系列事件，这些事件按先后顺序连接成一个时间序列，就可以获得以时间为序的较为精确的课堂信息。研究者可以通过对这些编码的分析，对课堂中的教学结构、行为模式、互动质量等做出较为精确的评价。

3. 分析矩阵

在获得课堂的基本编码数据之后，FIAS 要求首先要依据这些数据形成 FIAS 的分析矩阵。一般分析矩阵都是对称矩阵，分析矩阵中的行与列分别代表了编码系统所确定的十种行为。在形成分析矩阵时，每次要从数据序列中依次取相邻的两个数作为序列对，然后以分析矩阵中的前一个数据为行数、后一个数据为列数，将所对应的单元格中的计数增加一次。例如：数据序列为 4，5，6，2，3，6，9，首先要依次将两个相邻的行为数据组成一个序列对，如：4-5，5-6，6-2，2-3，3-6，6-9。其中 4-5 表示在第 4 行、第 5 列的单元格中计数 1 次，5-6 表示在第 5 行、第 6 列的单元格中计数 1 次，依次类推，就可以得到整节课的 FIAS 的分析矩阵，如图 2-2 所示。

一般来说，研究者可以通过分析矩阵来计算师生语言行为比例，描绘课堂上教师和学生语言的比率变化情况，并得出诊断处方等。

从分析矩阵中可以计算出每一类语言行为的频数及其在总的语言行为中所占的比例和结构，具体包括：教师语言行为的频数及其在总的语言行为中所占的百分比、学生语言行为的频数及其在总的语言行为中所占的百分比、教师间接语言行为与直接语言行为之比、学生的被动发言和主动发

		教师							学生		无效	总计
		(1)	(2)	(3)	(4)	(5)	(6)	(7)	(8)	(9)	(10)	
教师	(1)	2	0	0	2	0	1	0	1	0	0	6
	(2)	0	0	0	3	1	4	0	0	0	1	9
	(3)	0	1	3	7	3	1	0	3	0	0	18
	(4)	1	2	0	64	12	16	0	42	8	6	151
	(5)	0	1	0	17	69	12	0	0	0	0	99
	(6)	1	1	1	18	9	54	0	14	11	6	115
	(7)	0	0	0	0	0	0	0	0	0	0	0
学生	(8)	0	2	13	29	3	14	0	92	0	1	154
	(9)	0	1	0	8	0	10	0	0	278	1	298
无效	(10)	2	1	1	3	2	3	0	2	1	36	51
	总计	6	9	18	151	99	115	0	154	298	51	901

图 2-2 FIAS 的分析矩阵图

言之比、积极强化(第1~3类)与消极强化(第6类和第7类)之比等。这些数据可以描绘出：①一节课的基本轮廓和总体特征；②课堂的动力、总的课堂气氛以及学生的参与程度；③是"以教师为中心"，还是"以学生为中心"；④是以指导性教学为主，还是以非指导性教学为主；⑤学生是被限制的还是自由的；⑥课堂气氛是沉闷的还是活跃的；⑦学生的学习是被动的还是主动的。

值得注意的是，在分析矩阵中不但可以得到各个类别的总量信息，还可以得到某个类别中比较特殊的行为的数据，例如，(5-5)单元格中的数据代表教师的连续讲授，(8-8)+(9-9)代表学生的连续语言行为。对这些特殊行为进行重新归类还会获得全新的信息，例如，1-3行与1-3列相交区域的数据反映了教师与学生之间情感气氛融洽与否，表现了课堂积极整合的程度。

FIAS 得出的分析矩阵既是一份课堂互动质量评价的清单，也可通过它得到该课的课堂流程图，从而形成一张诊断课堂互动质量的处方，如图 2-3 所示。

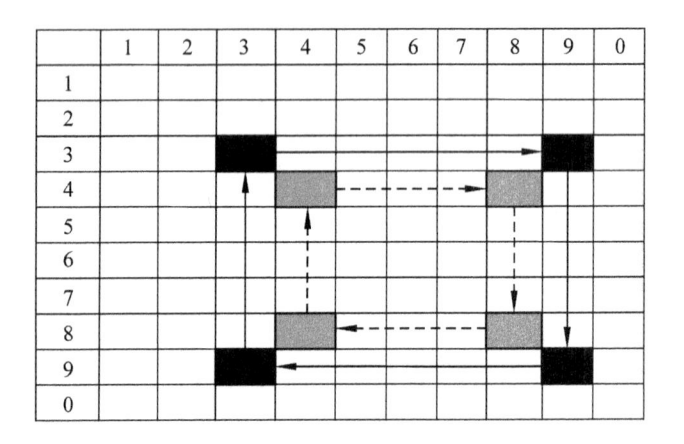

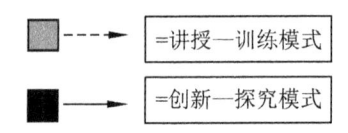

图 2-3　FIAS 的课堂流程图

使用 FIAS 对课堂互动质量进行诊断的方法如下：首先找出 FIAS 的分析矩阵中第 3 行或第 4 行中最大的一个数 A；然后找出该行中次大数 B，再从次大数 B 所在的列中找出最大数 C，再从最大数 C 所在的行中找出最大数 D；最后，看 D 所在的列中的最大数（或次大数）是否是 A。所形成的封闭矩形框如果落在(4-4)，(4-8)，(8-8)，(8-4)所形成的区间内，则所诊断的课堂教学为典型的讲授—训练模式（drill pattern），师生互动回应流由"教师提问—学生回答教师的问题—教师再提问……"等几个环节构成。若形成的封闭矩形框落在(3-3)，(3-9)，(9-9)，(9-3)所形成的区间内，则所诊断的课堂教学为创新—探究模式（creative inquiry pattern），师生的互动回应流由"教师接受学生的观点，并以此发展课程教学—学生主动发表自己的观点—教师再次接受学生的观点……"等几个环节构成。运用这种诊断方法，可以对课堂上的师生互动质量进行深入的诊断和分析。

除了分析矩阵外，还可以描绘整节课教师和学生语言的比率变化情况，观察根据时间的推移课堂中互动行为的变化情况。通过师生语言行为比率随时间变化的情况，可以获得课堂中师生互动水平变化的宏观景象。

4. FIAS 的优缺点

利用 FIAS 进行课堂互动质量评价的优点如下：

- 其分类体现了师生语言的互动性，而且它对每类语言行为都下了操作性定义，便于观察者对课堂语言行为进行甄别、归类。

- 在记录方式上，它用"编码"客观地记录下课堂内所发生的事件及其序列，这些"编码"基本上反映了课堂教学的原貌，为随后进行的评价奠定了扎实的基础，克服了传统课堂教学评价的主观性，大大提高了评价的客观性和科学性。

- 在处理方法上，FIAS 把复杂的课堂教学现象转化为相对简单的数学问题，采用分析矩阵和曲线分析的方法，得出一定的数学结论；然后把数学结论还原为教学结论，及时反馈教师在教学中存在的问题，提出改进方案，具有较强的诊断性。

但是，FIAS 也存在如下一些不足：

- 只反映课堂内师生的语言行为，而像身体语言、教学内容、板书等影响课堂教学质量的重要因素没有得以体现，遗忘了许多有价值的信息，由此得出的评价结论难免不够全面。

- 由于其只重视教师在课堂教学中的行为表现（共有7个类别），忽视学生在课堂教学中的行为表现（共有2个类别），因而使研究者无法真实全面地了解课堂中学生的学习行为。

- 信息技术作为现代课堂教学中一个不可忽视的要素，在教学过程中与教师和学生都会产生丰富的交互活动，但是FIAS无法反映出这一类的互动。

- 由于其对评价者有较高的要求，评价者不仅需要记住每类语言行为的操作定义和编码，而且还要有较强的鉴别能力以及对时间的敏感性，因而只有经过专门培训的人员才能胜任。

为此，近年来不断有研究者对FIAS进行改进和修订。2000年，顾泠沅教授从另一种角度理解FIAS，并用频次统计的方法来判断教学中的主导者。2003年，周新丽在其硕士学位论文中对FIAS进行了修订，增加了一个第11号编码：媒体（信息技术工具使用行为）。2004年，顾小清教授和王炜教授也对FIAS的编码系统进行了修订，提出了基于信息技术的互动分析编码系统（ITIAS）。

FIAS是诸多课堂信息采样分析系统中影响最大的一个，它从课堂中的语言行为出发，精确记录并分析了课堂的全过程，对教师进行教学改进，提高教学质量有着重要的意义。但是在运用该系统的同时，也不能被其所束缚，可以从自己研究的需要出发，有所侧重地对FIAS加以运用，即内容的侧重服从研究者的要求。这样就可以摆脱FIAS本身的一些局限，使其尽可能为教学研究服务。

二、S-T分析方法

S-T分析方法是一种典型的编码体系分析方法，简单有效，很具有代表性。其中 S 是 student 的首字母，T 是 teacher 的首字母，S-T 分析方法也就是学生—教师分析方法。它是由日本学者首先提出的，后被许多国家的研究者采纳并用以进行本土化的研究。

1. 基本思想

S-T 分析方法是一种能够直观表现教师教学性格的课堂观察方法，它可以用于对教学过程进行定量和定性的分析与评价，判断课堂教学性格，获取具有共识的、客观的信息(傅德荣等，2001)。S-T 分析方法的基本思想是通过对教学过程中教师行为(被称为 T 行为)和学生行为(被称为 S 行为)进行两个维度的编码，描述课堂的基本结构与实时发生的事件来观察、分析课堂教学的质量与特征。S-T 分析方法中的行为类别仅有教师 T 行为和学生 S 行为两类，能够大大降低对教学活动进行分类记述的模糊性，提高对教学活动进行分类的客观性和可靠性，有利于教师逐步把握和使用这一方法完善教学，实现自身的专业发展。

2. 行为类别的定义

S-T 分析方法将教学中的行为仅分为教师(T)行为和学生(S)行为两类，并将教师视觉的、听觉的信息传递行为定义为 T 行为，除此之外的所有行为都为 S 行为。

在一般的教学过程中，T 行为主要有教师的讲话行为(听觉的)、教师的板书行为(视觉的)、演示多媒体材料或实验步骤行为(视觉的)等。这些行为具体表现为解说、示范、板书、利用多种媒体进行展示、提问与点名、评价与反馈等。

S 行为包括 T 行为以外的所有行为，多发生在以下场合：学生的发言、学生的思考、学生的计算、学生记笔记、学生做实验或完成作业、课堂中的沉默与混乱等。

3. 数据收集的方法

通过对教学过程的实际观察和观看课堂教学过程录像资料，以一定的时间间隔对观察内容进行采样，并根据采样样本点的行为类别，以相应的符号 S 或 T 计入规定的表格中，由此即构成了 S-T 时序列数据，简称 S-T 数据。

如果我们以手工的方式制作 S-T 数据，可将观察的结果填入图 2-4 的 S-T 数据记录卡片中。

```
                    S-T数据记录卡片              No:
┌──────┬────────────────────────────┐
│学校  │X 中学                      │
├──────┼────────────────────────────┤
│教师  │A 教师                      │
├──────┼────────────────────────────┤
│时间  │2002 年 2 月 4 日 星期一    │
├──────┼────────────────────────────┤
│学科  │数学(初中二年级)            │
├──────┼────────────────────────────┤
│教材  │菱形的定义与性质            │
├──────┼────────────────────────────┤
│采样间隔│15秒                      │
└──────┴────────────────────────────┘
```

	0	1	2	3	4	5	6	7	8	9
0	T	T	T	T	T	T	T	T	T	T
1	T	T	T	T	S	T	S	S	S	S
2	T	T	S	T	T	T	S	T	T	T
3	T	T	T	T	S	S	T	S	S	T
4	T	T	T							
5										

备注：案例总长度为11分钟，共44个数据。

图 2-4 S-T 数据记录卡片

4. 教学模式分析

S-T 分析方法可以用两种不同的方式表示教学模式：一种是以 S 行为和 T 行为随时间变化的 S-T 图的方式表示教学模式；另一种是以 Rt-Ch 图的方式表示教学模式，并突出表现教学性格或教学类型。

(1)S-T 图

S-T 图应在专用的绘图用纸上绘制，一般可使用坐标纸进行描绘。纵轴为 S，横轴为 T，分别表示 S 行为和 T 行为的时间。原点为教学的起始时刻，将实测得到的 S，T 数据顺序地在 S 轴、T 轴上予以表示，直至教学的结束时刻止，具体可参见图 2-5 所示。

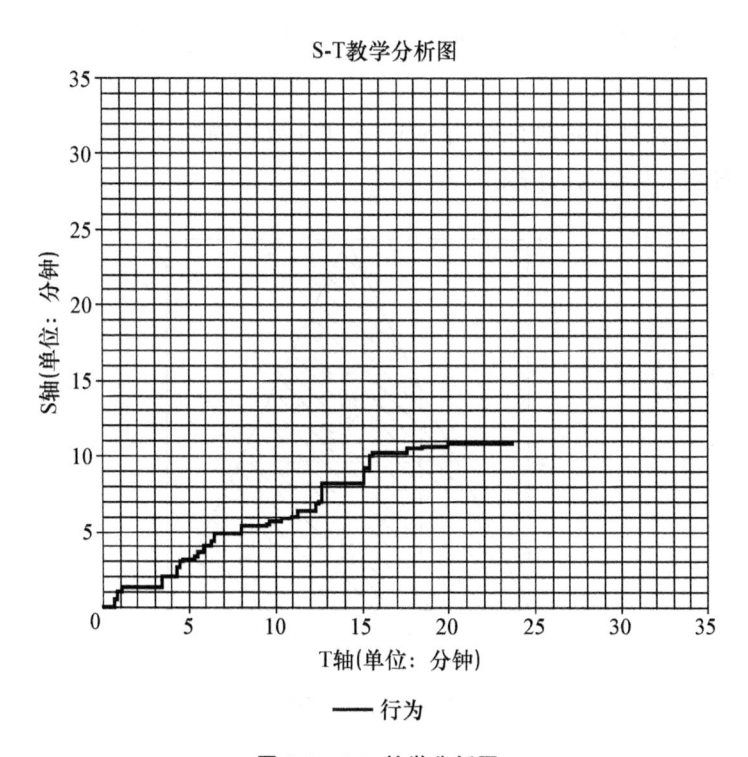

图 2-5 S-T 教学分析图

(2)Rt-Ch 图

Rt 和 Ch 分别表示教学过程中的 T 行为占有率和师生行为转换率，它对教学模式的描述和教学过程的分析具有重要的意义。

T 行为占有率 Rt 的计算方法为设教学过程中所有行为的采样总数为

N，其中 T 行为数为 Nt，则：Rt＝Nt/N 。Rt 的取值范围为 0～1，Rt 值越大，T 行为在总采样行为数中的比例越大，即教师在教学过程中的活动比例越大。

师生行为转换率 Ch 的计算方法为 T 行为与 S 行为间的转换次数与总的行为采样数之比。我们称相同行为的连续为一个"连"，用字母 g 表示，Ch＝(g-1)/N。例如：设采样到的 S-T 数据序列为 T T S S T S S T T T，则该数据中有 5 个连，g＝5，即：T T S S T S S T T T，Ch＝(g-1)/N＝(5-1)/10＝0.4。

Rt-Ch 图就是分别将计算出的 Rt 和 Ch 数据描绘在横轴为 Rt、纵轴为 Ch 的平面上，如图 2-6 所示。

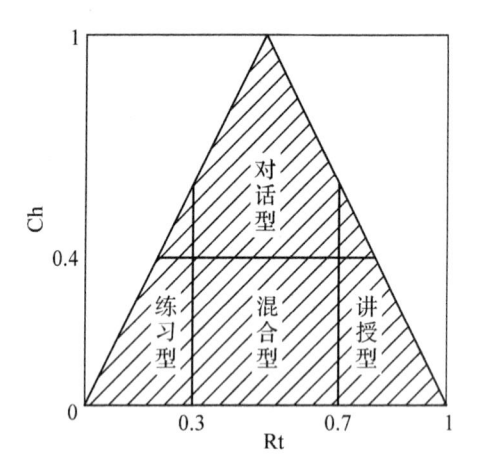

图 2-6　Rt-Ch 图

显然，一节课的教学在 Rt-Ch 图中对应一个点，图 2-6 的阴影部分为 (Rt，Ch)点存在的逻辑范围。在 Rt-Ch 图中，横轴 Rt 表示教师的讲授和演示行为占总行为数的比例，纵轴 Ch 表示教学中师生活动的交换程度。由此，可以区分四种不同的教学模式：①以学生活动为主，且师生活动交换程度较低的练习型教学模式；②以教师活动为主，且师生活动交换程度较低的讲授型教学模式；③师生活动比例相当，且师生活动交互程度较高的对话型教学模式；④师生活动比例相当，但师生活动交互程度较低的混合型教学模式。表 2-18 展示了在教学过程为 50 分钟，且采样间隔为 30 秒的条件下，使用 Rt 值和 Ch 值区分教学模式的临界值。

表 2-18 教学模式及其标准条件

教学模式	标准条件
练习型	$Rt \leqslant 0.3$
讲授型	$Rt \geqslant 0.7$
对话型	$Ch \geqslant 0.4$
混合型	$0.3 < Rt < 0.7, Ch < 0.4$

Rt-Ch 图可以有效地区分四种教学模式，因此，它也是一种描述教师教学性格的方法。S-T 分析方法在实际的教科研中有着广泛应用。例如，观察者可以针对自己或其他某一位教师的不同知识点的教学录像进行观察和抽样，然后综合利用 S-T 分析方法的 Rt-Ch 图、课堂观察田野笔记及记号体系进行对比分析研究，就能够看出被观察教师的教学风格和特点，并且有可能依据这些数据和观察结果给被观察的教师提出更科学、更全面的教学改进建议。

案例 2-11 应用 S-T 分析方法对教师个体进行研究

下面是对某数学教师的两节不同课型的数学课所做的观察结果。

图 2-7(a)是该教师在数学概念课中的 Rt-Ch 图。从中可以看到，Rt 值为 0.71，大于 0.7；而 Ch 值为 0.11，低于 0.4。所以，以 Rt 值为横坐标、Ch 值为纵坐标的点正好可以落在讲授型教学模式区域内，因此，该教师的数学概念课是一种讲授型的教学模式。

而该教师所上的数学活动课的 Rt-Ch 图则呈现了完全不同的教

(a) 数学概念课的Rt-Ch图　　(b) 数学活动课的Rt-Ch图

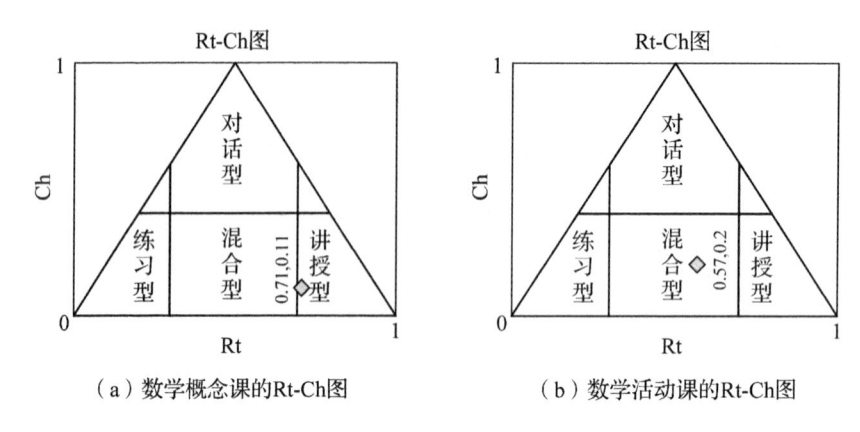

图 2-7　不同数学课型 Rt-Ch 图对比

学模式的特征，请参见图 2-7(b)。在这节课中，Rt 值为 0.57，小于 0.7 且大于 0.3；Ch 值为 0.2，低于 0.4，(Rt，Ch)点落在混合型教学模式区域内，因此，该教师的数学活动课是一种混合型的教学模式。

【请您思考】

如果您是这位教师，看到这两节课的 S-T 分析结果后会有何感想？如果您是这位教师的同事，看到这样的分析结果后会给您的同事提出哪些教学改进建议呢？

【解读与建议】

首先来看图 2-7(a)的数学概念课。通常情况下，教师以讲授为主的概念课是比较常见的教学模式，但为了提高讲授的效果和效率，建议这位教师在未来的概念课教学中适当提高自己的 Ch 值，争取把 Ch 值从现在的 0.11 提高到 0.3 左右，换句话说，这位教师要在概念课中增加更多的对话设计。师生的对话可以有效地帮助教师现场捕捉学生对概念理解的反馈信息，从而帮助教师调整自己的教学步骤和教学节奏，使全班大部分学生更好地掌握数学概念的特征和特点。

这位教师如果要做更大的改进，其实也可以改变 Rt 值。在实际教学中，并不是所有的概念都是教师讲了学生就能够掌握的，那么我们能不能给学生更多的时间，降低自己的 Rt 值呢？在这节概念课中，教师行为占有率为 0.71，假如这位教师可以再放手一些，再多给学生一些自己的讨论和学习空间，那么他的 Rt 值就可以降低到 0.7 以下，因而也就进入了混合型教学模式中，这时，课堂也就不再是以教师单纯讲授为主了。这种改进是非常值得尝试的。

下面我们再来看图 2-7(b) 的数学活动课。在活动课中，教师行为占有率通常是比较低的，一般是大于 0.3 且小于 0.7，这位教师的 Rt 值是 0.57，是比较合适的。但是仍存在可以调整的空间，当然这还要根据教学对象和教学内容来决定。假如教学对象是一个基础不太好的班级，学生学习存在较多的困难，这种情况下就不主张这位教师再降低 Rt 值了。这节课的 Ch 值为 0.2，作为活动课，教师应该进一步提升 Ch 值，增加师生对话及学生自主学习活动。

通过对这两节课的 Rt-Ch 图的分析，给予这位教师的建议其实已经聚焦到"应该更多地设计课堂中的对话或师生互动活动上，并且通过对话捕获学生的观点，引领和发展课程"上。

这个案例体现了如何运用 S-T 分析方法对教师个体的不同课型进行分析，发现教师的教学特点和存在的问题。此外，我们还可以运用 S-T 分析方法分析某个教师在不同时期的教学，从而发现教师在教学中的变化与发展，这对于新手教师特别适用，能帮助他们尽快提升教学水平。

案例 2-12 应用 S-T 分析方法对教师群体进行研究

下面再来看 S-T 分析方法的另外一种应用。S-T 分析方法除了可以对教师个体进行观察与研究外，也可以对教师群体进行研究。观察者可以针对教研组内多位教师讲授同一知识点的课例进行观察，并利用 S-T 分析方法的可视化分析结果发现多位被观察教师的共性和个性，而这也可以在一定程度上反映出整个教研组的教学风格和特点，甚至发现教研组中教师存在的共性问题，并帮助他们寻找解决方案。

我们曾于 2004 年对北京某校九位教师的某一种相同常态课课型的教学录像进行过 S-T 分析，分析结果如表 2-19 所示。

表 2-19 某校九位教师同一课型 S-T 分析结果

序 号	案例归类	Rt	Rs	Ch	教学模式
1	基于资源的学习	0.43	0.57	0.18	混合型
2	情境化学习	0.4	0.6	0.1	混合型
3	电子讲演	0.73	0.27	0.16	讲授型
4	电子讲演	0.43	0.57	0.13	混合型
5	电子讲演	0.36	0.64	0.16	混合型
6	电子讲演	0.49	0.51	0.2	混合型
7	电子讲演	0.48	0.52	0.21	混合型
8	情境化学习	0.36	0.64	0.24	混合型
9	基于问题的学习	0.43	0.57	0.3	混合型
平均值		0.46	0.54	0.19	

【请您思考】

如果您是这所学校主管教学的领导，看到表 2-19 的 S-T 分析结果后会有何感想？如果您是这九位教师中的一位，看到这样的分析结果后又会有何感想？

【解读与建议】

从表 2-19 中可以看到，九节课中有八节课都采用的是混合型教学模式，而只有一节课是讲授型教学模式。尽管大多数教师上的都是同一种课型，但很多教师都不再以纯讲授型模式上课；同时也可以看到，这些课的案例归类的类别也有所不同，有的是基于资源的学习，有的是情境化学习，有的是基于问题的学习，还有的是电子讲演。

从 S-T 分析数据来看，九位教师的教学不再是传统的"满堂灌"，学生的参与程度很高，Rs 的平均值为 0.54，这反映出这九位教师的教学观和学生观发生了很大的转变。但需要注意的是，师生行为的转换率较低，仅为 0.19，这反映出师生的互动质量还有待进一步提高。

根据以上的 S-T 分析结果，配合课堂观察田野笔记及记号体系所获得的研究结果，可以发现，这九位教师在未来的教学和校本研修中应该聚焦课堂中师生互动质量的提高，学校可以将此共性问题作为校本研修的突破点，开展更具针对性的校本研修活动和教学实践改进活动，切实提高学校整体的教师专业能力，从而促进学校教学水平的提升。

5. S-T 分析方法的优缺点

优点：

- S-T 分析方法易于学习和利用，按照一定的时间间隔记录教师或学生的行为，研究信度较高。
- 由于 S-T 分析方法只有两种编码，且界定十分清晰，不容易混淆，所以大大降低了编码的模糊性，提高了研究的客观性和可靠性，研究效度较高。

缺点：

- 由于 S-T 分析方法只将课堂行为分为教师行为和学生行为两类，所获取到的信息比较粗略，且研究者在使用这种方式时并不知道教师行为和学生行为的具体意义，往往会忽略掉课堂中的许多关键事件，因此 S-T 分析方法一般只用于区别四种教学模式和教学过程的概况研究，如果想获得更精细、更具诊断性的教学分析结果，达到较好的研究效果，还需要将 S-T 分析方法与其他方法配合使用。

随着数字技术的发展和普及，从案例分析进一步扩展到大型课堂教学录像数据库的研究与管理，成为课堂教学录像研究发展的新方向。这也为 S-T 分析方法在教育教学中的应用奠定了坚实的基础，开辟了广阔的空间。

案例赏析

编码体系分析方法

以下四个案例是针对不同教师、不同学科的课堂教学进行的 S-T 分析，这四个案例均选自教育部"十一五"重点课题——"教师网络教育活动的设计理论与实践"。

案例 2-13　This is my sister

> 本案例来源于全国教育科学"十一五"规划教育部重点课题——"教师网络教育活动的设计理论与实践"。

案例名称：This is my sister

学科：英语

年级：初中一年级

授课教师：山东省 CB 中学的齐老师

【案例简介】

"This is my sister"一课是初中一年级英语课的教学内容。在英语课中尽量鼓励学生大胆地开口说英语，努力为学生创造一个真实的语言交流环境，不断提高学生的口语水平，是齐老师在进行教学设计时的原则。由于本节课是复习课，学生已经对知识点有了一定的认识和了解，所以在本节课中齐老师让学生通过小组合作的方式向大家展示自己的家庭照片，从而巩固本单元的重点词汇和句型，达到复习的目的。整节课以学生参与为主，采用小组合作的方式进行讨论、分享、展示、交流，让学生在互相交流的过程中开口说英语，在掌握知识点的同时达到锻炼口语的目的。

【S-T 分析结果】

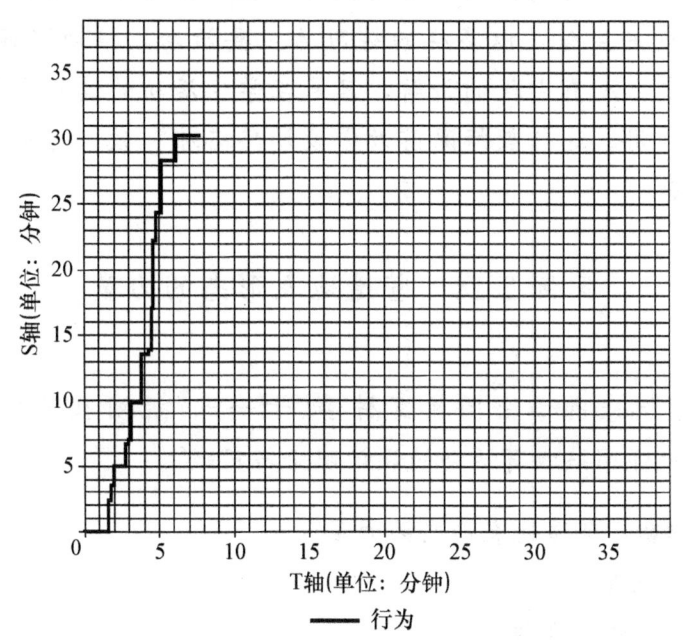

图 2-8 "This is my sister"S-T 教学分析图

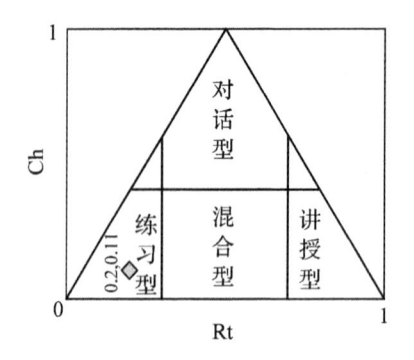

图 2-9 "This is my sister"Rt-Ch 图

【案例点评】

在本节初中英语课中，教师行为占有率 Rt 仅为 0.2，师生行为转换率 Ch 为 0.11，属于练习型教学模式。在课堂教学中，齐老师采用小组合作的方式开展了多种学习活动，主要以学生的讨论和对话为主，学生的参与度很高，在交流的过程中锻炼了口语。本节课学生成了课堂的主体，以多样的练习为主要活动，推动课程的发展，而教师基本上没有大段的讲解，只是在学生活动的过程中起着引导和指点的作用，这与教师课前教学设计思路相一致，与英语复习课课型相符合。

案例 2-14 营造地表形态的力量

本案例来源于全国教育科学"十一五"规划教育部重点课题——"教师网络教育活动的设计理论与实践"。

课例名称：营造地表形态的力量

学科：地理

年级：高中一年级

授课教师：北京市 ZJ 学校的姜老师

【案例简介】

"营造地表形态的力量"一课是高中一年级地理课的教学内容。本节课的内容与初中地理知识联系紧密，但由于学生初中地理知识水平良莠不齐，所以课堂中的复习环节会占用一定的时间。此外，该校是一所国际学校，在地理课中使用双语教学，因此教师在讲课的过程中还需要对地理学科的英文专业名词进行解释和说明。

【S-T 分析结果】

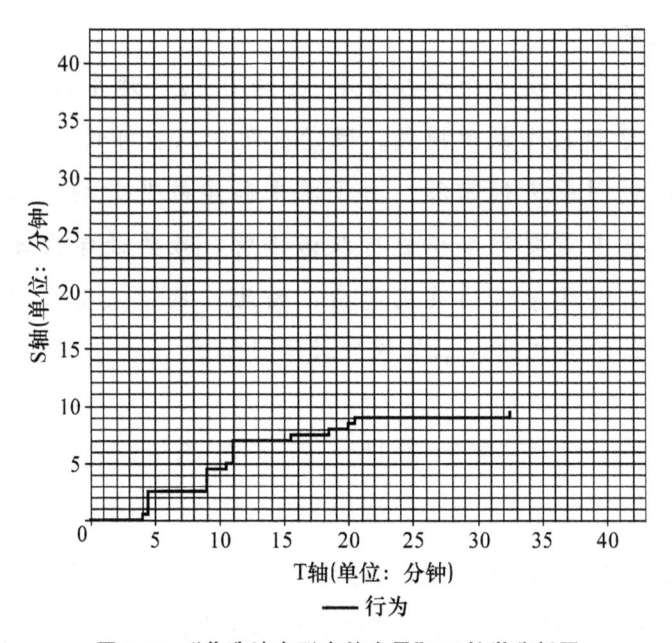

图 2-10 "营造地表形态的力量"S-T 教学分析图

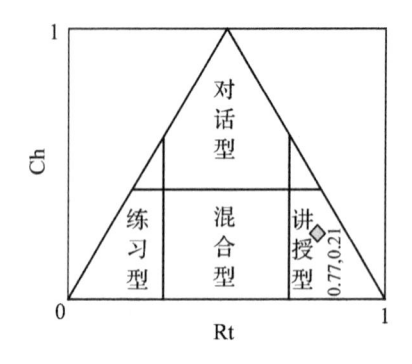

图 2-11 "营造地表形态的力量"Rt-Ch 图

【案例点评】

在本节课中,教师行为占有率 Rt 为 0.77,师生行为转换率 Ch 为 0.21,属于讲授型教学模式。课堂教学中以教师讲授、提问为主,学生在教师提问后进行回答。由于学生和学校背景的特殊性,教师在讲课的过程中需要对知识进行双语讲解,既要让学生掌握地理专业知识,又要培养学生的英文能力,因此,教师主要采取讲授与提问相结合的教学方式达成本节课的教学目标。

案例 2-15 东方之珠

本案例来源于全国教育科学"十一五"规划教育部重点课题——"教师网络教育活动的设计理论与实践"。

课例名称:东方之珠

学科:语文

年级:小学三年级

授课教师:山东省 BML 小学的李老师

【案例简介】

"东方之珠"一课是小学三年级语文课的教学内容。学起于思，思源于疑。学生的积极思维往往是从疑问开始的，而小学三年级的学生正处于好奇心旺盛的年龄段。因此，李老师采用"以疑导学"的教学方式，在阅读教学中注重激发学生提问的兴趣，使他们自己去发现问题，并带着问题读书，以引起思维的不断深入，从而培养他们的思维能力，提高他们学习的主动性，增强自主学习的能力。学生是课堂的主体，而李老师在课堂中起主导作用，引导学生读、思、议、找，全面参与学习过程，帮助学生梳理问题，培养学生提出问题、分析问题、解决问题的能力。

【S-T 分析结果】

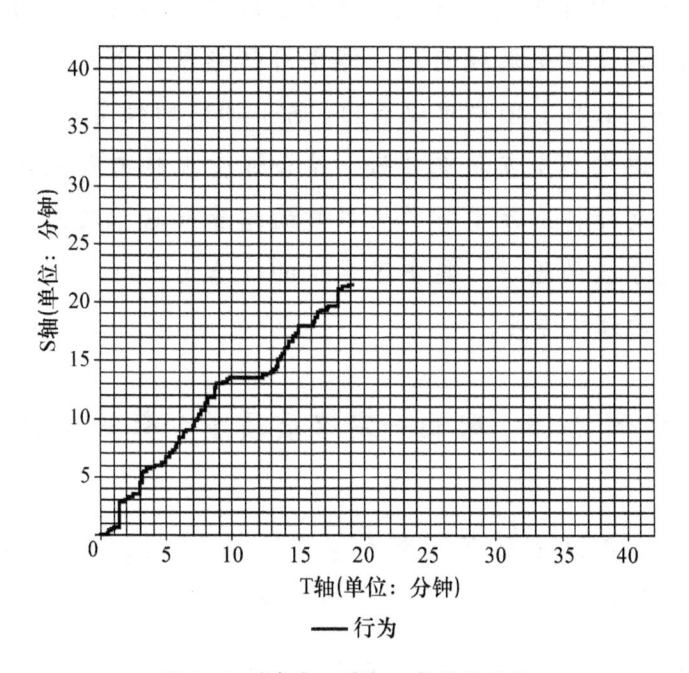

图 2-12 "东方之珠"S-T 教学分析图

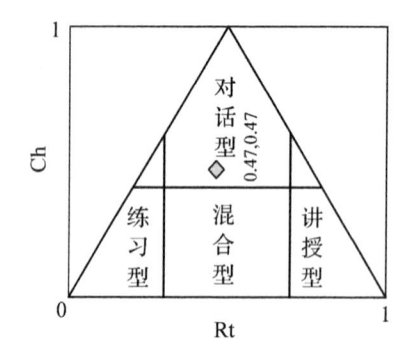

图 2-13 "东方之珠"Rt-Ch 图

【案例点评】

在本节课中，教师行为占有率 Rt 为 0.47，师生行为转换率 Ch 为 0.47，属于对话型教学模式。在课堂教学中李老师采用自主探究的学习方式，让学生发现问题，师生对话频繁，交互程度很高，课堂气氛融洽。从 S-T 图中可以看出，S-T 曲线的倾角接近 45°，说明师生在整节课中的交互状况良好。结合课堂观察田野笔记的记录结果发现，李老师特别注重对学生兴趣的培养和思维的启发，通过多次设问引起学生的思考，集中了学生的注意力，有效地促进了小学低年级学生的课堂学习。

案例 2-16 配制一定溶质质量分数的溶液

本案例来源于全国教育科学"十一五"规划教育部重点课题——"教师网络教育活动的设计理论与实践"。

课例名称：配制一定溶质质量分数的溶液

学科：化学

年级： 初中三年级

授课教师： 四川省 HX 中学的吴老师

【案例简介】

"配制一定溶质质量分数的溶液"一课是初中三年级化学课的教学内容。初中三年级的学生接触化学学科的时间不长，而化学课中的各种实验又最能引发学生的兴趣，因此，在本节课中吴老师利用了这一特点，让学生通过实验进行学习。本节课共设计了三次学生活动，让学生在自主探究、观察比较、总结归纳中获取新知识，同时培养学生分析、比较、抽象、概括的思维能力。

【S-T 分析结果】

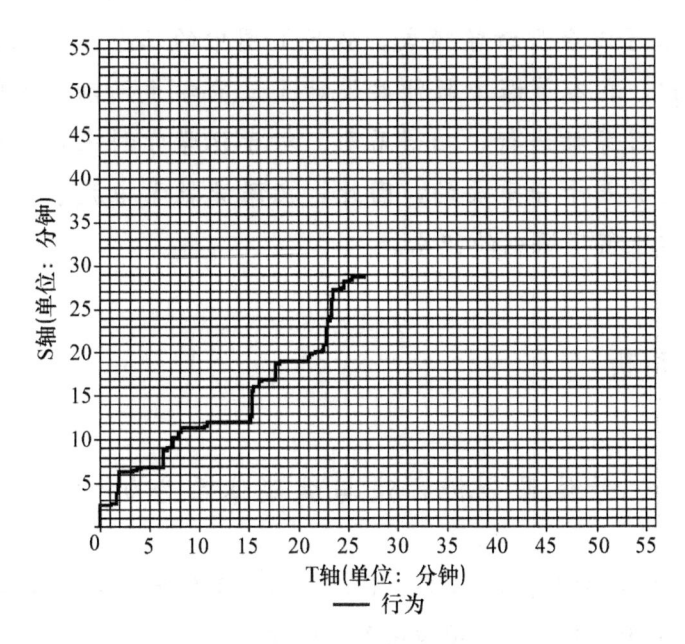

图 2-14 "配制一定溶质质量分数的溶液"S-T 教学分析图

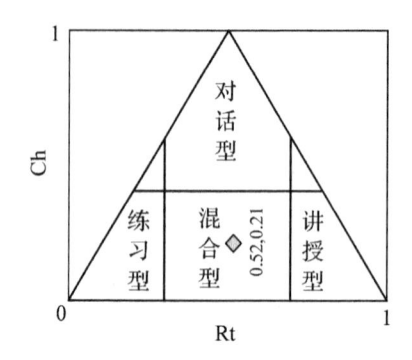

图 2-15 "配制一定溶质质量分数的溶液"Rt-Ch 图

【案例点评】

在本节课中，教师行为占有率 Rt 为 0.52，师生行为转换率 Ch 为 0.21，属于混合型教学模式。从 S-T 图中的三个纵向长直线段可以明显看出，在本节课中教师共设计了三次学生活动，教师的讲授与学生的练习穿插进行，相得益彰。对于化学学科来说，对学生动手能力的培养是十分重要的，因此，在课堂教学中放手让学生操作更容易给学生留下深刻的印象。

◆ 观点辨析

记号体系分析方法与编码体系分析方法

请结合本模块中的多个案例，比较记号体系分析方法与编码体系分析方法的相同点和不同点，并填写在图 2-16 中。

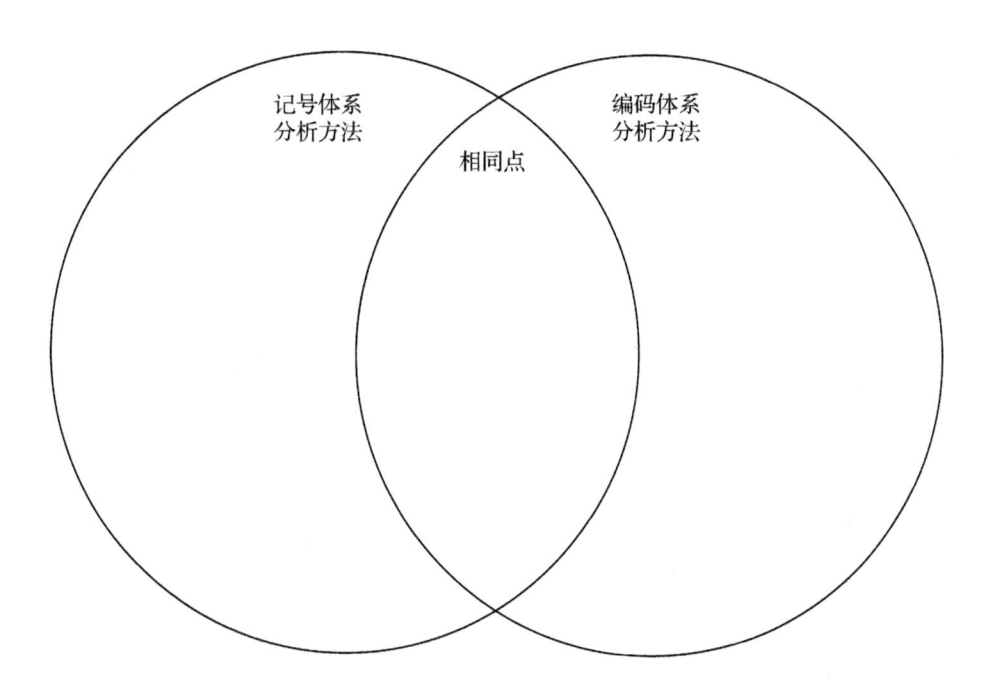

图 2-16　记号体系分析方法和编码体系分析方法的对比分析维恩图

模块三　掌握课堂观察方法与技术

建议时间：3 小时

说明

　　本模块结合教学实例详细介绍了记号体系分析方法、S-T 分析方法的数据收集与分析方法，并为您提供了一定的观察练习活动，以帮助您更好地掌握记号体系分析方法和 S-T 分析方法

核心概念

　　记号体系分析方法　S-T 分析方法　信度

活动	主要作品
专家讲座 观察练习	表 3-6　问题类型观察表 表 3-7　课堂对话方式观察表

◆ 学习导入

　　在了解了常用的课堂观察方法与技术后，您是否已经跃跃欲试了？任何一种方法只有经过亲自实践后才有可能真正地掌握，所以本模块将提供充分的实践机会，不仅结合教学实例详细介绍记号体系分析方法、S-T 分析方法的数据收集与分析方法，而且还会提供一定的观察练习活动，以帮助您更好地掌握记号体系分析方法和 S-T 分析方法的数据收集与分析。掌

握了这些常用的课堂观察方法与技术后,您将可以对自己或他人的教学进行课堂观察与分析。

◆ 专家讲座

记号体系分析方法中的数据收集与分析

·记号体系分析方法中的数据收集工具·

记号体系分析方法是一种聚焦式观察,即观察者确定观察焦点,也就是某个具体问题,并针对这一焦点问题进行的一种观察。记号体系分析方法中的数据收集工具即记号体系观察表,观察表中的内容是根据观察焦点预先设想的需要观察并有可能发生的行为。记号体系观察表通常由观察行为、记号记录、频次总数和比例等部分构成。

国内外教育研究者已经开发了大量的记号体系观察表,可供课堂观察者直接使用。本书的模块二重点介绍了五种常用的记号体系分析方法:问题类型分析方法、课堂有效性提问分析方法、课堂对话方式分析方法、师生对话深度分析方法、目标学生的非投入行为分析方法。当观察焦点超出这五种方法的观察范围时,也可以自行设计记号体系观察表。需要注意的是,所设计的记号体系观察表中的内容都必须是可观察、可记录、可解释的,而且要尽可能确保记号体系观察表的效度和实用性。

确定好记号体系观察表后,需要对观察表中的观察行为进行详细界定,即规定何种情况应该判定为何种行为。如果是多位教师同时进行课堂观察,还需要对观察教师进行简单的培训并展开一定的讨论,使观察教师能对观察表中的行为得到共性的认识,以提高课堂观察的信度。通常在经过两三次记号体系的观察实践后,观察教师就能对观察行为形成较为稳定的、统一的认识。

·记号体系分析方法中的数据收集·

在进行课堂观察时,观察者需要以记号体系观察表为记录工具,将焦点集中在记号体系观察表中所列出的行为上。观察者可以采用"正"字记号法或其他计数方法,每当观察表中的事件或行为发生时就在相应行的"记号记录"表格中做一个记号。

例如,在进行"问题类型"记号体系分析时,就需要采用表 3-1 的问题类型观察表进行数据收集。课堂观察前,观察者可以打印好表格,或者在观察记录纸上画出表格。课堂观察时,每当授课教师提出一个问题,观察者首先需要判断这个问题的类型。例如,当教师提出"为什么∠BCD 和∠ACE 相等"的问题时,该问题是让学生探寻∠BCD 和∠ACE 相等的原因,是"为何类问题",观察者就需要在"为何类问题"这一行的"记号记录"表格中做一个记号;随后,教师又提出"我们在考虑三角形外角和的时候是考虑 6 个角还是考虑 3 个角"的问题时,该问题是"是何类问题",观察者就需要在"是何类问题"这一行的"记号记录"表格中做一个记号。

表 3-1 问题类型观察表

问题类型	记号记录	频 次	比例(%)
是何类问题			
为何类问题			
如何类问题			
若何类问题			
问题总数			

又如，当进行"课堂对话方式"记号体系分析时，就需要采用表 3-2 的课堂对话方式观察表进行数据收集。每当授课教师提出一个问题，观察者就需要根据表中的三个维度对对话方式进行判断并记录。例如，如果教师在提问前就点名指定学生回答，那么观察者就需要在"提问前先点名"所在行的"记号记录"表格中记录一次，并按照相同的方法对学生回答的方式及教师回应的方式进行记录。需要注意的是，由于表 3-2 中的三个维度是课堂中教师提出的每一个问题（自问自答除外）都会涉及的行为，因此课堂中每发生一次对话，三个维度应分别增加一个记号，不能出现一个或两个维度上没有记号，或是在一个维度上记录多个记号的情况。对于刚刚开始学习使用记号体系分析方法的观察者而言，像"课堂对话方式"这样有多个观察维度的记号体系观察表，需要有 2~3 个人同时进行观察，每个观察者可以只观察其中的 1~2 个维度。

表 3-2 课堂对话方式观察表

观察维度		记号记录	频次	比例(%)
教师挑选回答问题的方式	提问前先点名			
	让学生齐答或自由答			
	叫举手者答			
	叫未举手者答			
	鼓励学生提出问题			
学生回答的方式	集体齐答			
	讨论后汇报			
	个别回答			
	自由答			
	无人回答			

续表

观察维度		记号记录	频 次	比例(%)
教师回应的方式	肯定回应			
	否定回应			
	无回应			
	打断回答或教师代答			
	重复学生回答并解释			

案例 3-1 关注三角形的外角

> 本案例来源于全国教育科学"十一五"规划教育部重点课题——"教师网络教育活动的设计理论与实践"。

以模块一中的案例 1-2 的前 15 分钟教学为例，为了帮助您更好地掌握记号体系分析方法中的数据收集，我们将教学录像转成了文字稿(略有改动)，具体如下。

师：同学们好！

生：老师好！

师：请坐下。刚才一曲瑞奇·马丁的 *The cup of life*，把我们带到了那个炎热的夏天。今年是 2010 年，也是世界杯之年，大家知道今年 6 月世界杯在哪儿举行吗？

生：南非。

师：这是世界杯第一次走进非洲大陆。同学们喜不喜欢足球？

生：喜欢。

师：可能男同学比较喜欢足球，老师也很喜欢足球，特别喜欢巴西队，尤其喜欢其中的一名球员，同学们看看认不认识。

生：卡卡。

师：这是目前在巴西被誉为最帅且最有天赋的球员——卡卡，他现在已经转会到西班牙的皇家马德里队。好了，卡卡在踢球时，遇到了这样一个问题：绿茵场上，卡卡在 E 处拿到了球，他想要传球，但面临的问题是，他是将球传给 B 处的球员还是 C 处的球员才能使其射门不易射偏呢？当然，我们这里只考虑射门的角度，而且我们知道，射门角度越大，射进去的可能性就会越大；射门角度越小，射进去的可能性就越小。好了，请问卡卡现在应该传给哪一处的球员？

一些学生说 B，一些学生说 C。

师：有说传给 B 的，也有说传给 C 的，不管传给 B 还是传给 C，都应该考虑两个角的大小关系。如果传给 B 的话，他射门的角度是哪个角？是不是 $\angle B$？如果传给 C 的话，它的角度是不是 $\angle DCA$？因此要解决这个问题就要比较 $\angle B$ 和 $\angle DCA$ 的大小。好了，现在我们开始学习今天的内容——关注三角形的外角。既然要关注三角形的外角，首先就要明白什么是三角形的外角。对这个概念，大家应该不陌生了，你们在八年级上学期的时候已经接触到了，什么是三角形的外角？你能画出来吗？

生：能。

师：好！大家现在自己画一个，我找同学上来画一个。谁来画？你来（叫了一个举手的学生）。

这个学生画了一条线。

师：画得非常好！你能解释一下这条线是怎么画的吗？

生：延长 AC 至 D。

师：延长 AC 至 D，这里画了一个符号，说明哪个角是外角？

∠BCD，你们赞不赞同？好！这样就画出了三角形的一个外角。通过画这个三角形的外角，可不可以得到三角形的外角的定义？

学生无人回答。

师：三角形的外角是三角形的内角的一边与另一边的反向延长线所组成的角。这个定义很长，是一个描述性的定义，不太好记，对吧？其实我们可以更本质地来看：三角形的外角是三角形的内角的邻补角。请问一个三角形有多少个外角？

生：不是。（大部分学生说6个，但有少部分学生说3个。）

师：有说3个的，有说6个的，到底有几个？

生：6个。

师：6个，对吧？在每一个顶点处有几个？

生：2个。

师：（教师在交互式电子白板上画）同理，以 A 为顶点的外角有几个？

生：2个。

师：2个，好！三角形的外角有几个？这些外角有什么关系呢？都相等吗？有没有相等的？哪些相等？图上有没有？

生：有。

师：比如说∠BCD 和∠ACE，为什么？

生：对顶角。

师：因为是对顶角，对吧？同理，这几个角也相等。既然在同一个顶点做的两个外角是相等的，那么在考虑三角形的外角和的时候是考虑几个角？

生：3个。

师：当然是3个，很好，非常不错！大家知道，几何学研究的不外乎就是两个字：关系。关系又包含两个意思，一个是图形与图形之间的位置关系，另一个是图形之间的数量关系。我们关注外角，就要关注外角与其他角的位置关系。三角形除了外角还有什么角？

生：内角。

师：很好！那么，我们是不是应该探讨一下三角形的外角与内角有什么位置关系？或者三角形的外角和内角有什么数量关系呢？

学生无人回答。

师：研究之前，我们先小试身手。已知如图一，三角形 ABC 中，$\angle 2$ 等于 $60°$，$\angle 3$ 等于 $50°$，那么 $\angle 1$ 等于多少度？

生：$110°$。

师：对不对呢？我想找位同学上来刮一下（此处教师使用了交互式电子白板的刮奖刷功能），看看是不是 $110°$，谁愿意来？大家都不愿意来？那我来吧，你们看看对不对。很好！那么 $\angle 1$ 和 $\angle 2$ 的大小有什么关系？

生：$\angle 1$ 大于 $\angle 2$。

师：嗯，没错！很显然是 $\angle 1$ 大于 $\angle 2$。好！我们现在要上升一个难度梯度。刚才这个问题有具体的度数，如果在一个三角形 ABC 中，$\angle A=\alpha$，$\angle C=\beta$，那么 $\angle ABD$ 等于多少？这个问题我请你们单独来回答，知道答案的同学请举手。同学们非常配合！那我叫个不举手的同学，好，这位，多少？不要看他嘛，要相信自己的答案，看不清吗？没关系，咱们放大一点，看见了吧。如图二，在一个三角形 ABC 中，$\angle A=\alpha$，$\angle C=\beta$，那么 $\angle ABD$ 等于多少？

生：$\alpha+\beta$。

师：$\alpha+\beta$，是不是？好，我奖励你一下，给你一个机会亲自刮奖，看看自己的答案是否正确，对不对？

生：对。

师：机会难得，还有一个问题，这个问题是 $\angle ABD$ 与 $\angle C$ 的关系是什么？填">""<"或"="。

生：大于。

师：嗯，好！填什么？

生：大于。

师：谁愿意上来再刮一下？大家都回答对了，我们找位女生，看是不是大于？通过这两个小练习，大家能发现有什么规律吗？这两个例题中都出现了三角形的几个外角？

生：1个。

师：∠1是三角形的外角，∠2，∠3是三角形的什么角？

生：内角。

师：首先关注位置关系，∠1和∠2，∠3的位置关系是什么？

生：不相邻。

师：不相邻，非常好！再看数量关系，∠1和∠2，∠3是什么关系？

生：∠1=∠2+∠3。

师：接下来，在一般情况下，∠ABD是三角形的一个什么角？

生：外角。

师：∠A和∠C是三角形的什么角？

生：内角。

师：位置关系如何？

生：不相邻。

师：数量关系如何？

生：∠ABD=∠A+∠C。

师：由此可不可以猜想一下，假如把这样的结论推广到任意一个三角形中，结论是否仍然成立？谁总结一下，这句话该怎么说？我找位同学来说一下(教师点了一位学生的名字)。

141

生：三角形的一个外角等于与它不相邻的两个内角之和。

师：我来重复一下，三角形的一个外角等于与它不相邻的两个内角之和。这位同学刚才得出的这个结论，你们认为是正确的还是错误的？

生：正确的。

师：充其量现在只能叫猜想，大家知道要从猜想上升到定理，要通过什么？

生：证明。

师：是不是对任何三角形都成立？好，现在请同学们自己证明一下。

请运用表3-1和表3-2对以上教学片段进行问题类型分析和课堂对话方式分析，为了更清晰地呈现分析过程，表3-3以课堂上教师提出的问题先后为顺序，对师生的问答情况进行简述，并判断出每个问题所属的类型、教师挑选回答问题的方式、学生回答的方式和教师回应的方式。这样做的目的是帮助您加深对问题类型和课堂对话方式的理解，但在实际进行课堂观察时没有必要把每个问题都记录下来，只需要在表3-1和表3-2中相应的位置用一定的符号进行记录即可，如表3-4和表3-5所示。

表3-3 "关注三角形的外角"教学片段分析记录表

序号	问答简述	问题类型	教师挑选回答问题的方式	学生回答的方式	教师回应的方式
1	师：2010年6月世界杯在哪里举行？ 生：南非。 师：这是世界杯第一次走进非洲大陆。		让学生齐答或自由答	集体齐答	肯定回应

续表

序号	问答简述	问题类型	教师挑选回答问题的方式	学生回答的方式	教师回应的方式
2	师：同学们喜不喜欢足球？ 生：喜欢。 师：老师也很喜欢足球。		让学生齐答或自由答	集体齐答	肯定回应
3	师：运动员卡卡应该传给哪一处的球员？ 一些学生说 B，一些学生说 C。 师：有说传给 B 的，也有说传给 C 的，不管传给 B 还是传给 C，都应该考虑两个角的大小关系。因此要解决这个问题就要比较 $\angle B$ 和 $\angle DCA$ 的大小。	是何类	让学生齐答或自由答	自由答	重复学生回答并解释
4	师：什么是三角形的外角？你能画出来吗？ 一部分学生说"能"。 教师挑选了一个举手的学生到交互式电子白板前画。	是何类	叫举手者答	个别回答	肯定回应
5	师：你能解释一下这条线是怎么画的吗？ 生：延长 AC 至 D。 师：延长 AC 至 D，这里画了一个符号，说明哪个角是外角？ 生：$\angle BCD$。 师：外角是 $\angle BCD$，你们赞同不赞同？ 生：赞同。 师：好。	如何类	提问前先点名	个别回答	重复学生回答并解释

续表

序号	问答简述	问题类型	教师挑选回答问题的方式	学生回答的方式	教师回应的方式
6	师：能不能通过画三角形的外角总结出三角形的外角的定义？ 学生无人回答。 师：三角形的外角是三角形的内角的一边与另一边的反向延长线所组成的角。		让学生齐答或自由答	无人回答	打断回答或教师代答
7	师：一个三角形有多少个外角？ 生：不是(大部分学生说6个，但有少部分学生说3个)。 师：有说3个的，有说6个的，到底几个？ 生：6个。 师：6个，对吧？	是何类	让学生齐答或自由答	自由答	肯定回应
8	师：三角形的外角有什么关系？ 生：有。 师：图中有没有相等的？ 生：有。 师：有哪些？比如说∠BCD和∠ACE。	是何类	让学生齐答或自由答	自由答	肯定回应
9	师：为什么∠BCD和∠ACE相等？ 生：对顶角。 师：因为是对顶角，对吧？	为何类	让学生齐答或自由答	集体齐答	肯定回应

续表

序号	问答简述	问题类型	教师挑选回答问题的方式	学生回答的方式	教师回应的方式
10	师：那么在考虑三角形的外角和的时候是考虑几个角？ 生：3个。 师：很好，非常不错！	是何类	让学生齐答或自由答	集体齐答	肯定回应
11	师：三角形除了外角外还有什么角？ 生：内角。 师：很好！	是何类	让学生齐答或自由答	集体齐答	肯定回应
12	师：三角形的外角与内角之间有什么位置关系呢？或者三角形的外角和内角有什么数量关系？ 学生无人回答。	是何类	让学生齐答或自由答	无人回答	打断回答或教师代答
13	师：已知如图一，三角形 ABC 中，∠2 等于 60°，∠3 等于 50°，那么∠1 等于多少度？ 生：110°。 师：看看是不是 110°（用刮奖刷刮出正确答案）。	是何类	让学生齐答或自由答	自由答	肯定回应
14	师：那么∠1 和∠2 的大小有什么关系？ 生：∠1 大于∠2。 师：嗯，没错！很显然是∠1 大于∠2。	是何类	让学生齐答或自由答	集体齐答	肯定回应

续表

序号	问答简述	问题类型	教师挑选回答问题的方式	学生回答的方式	教师回应的方式
15	师：如果在一个三角形 ABC 中，$\angle A=\alpha$，$\angle C=\beta$，那么 $\angle ABD$ 等于多少？ 生：$\alpha+\beta$。 师：好，我奖励你一下。	若何类	叫未举手者答	个别回答	肯定回应
16	师：$\angle ABD$ 与 $\angle C$ 的关系是什么？ 生：大于。 师：嗯，好！	是何类	让学生齐答或自由答	集体齐答	肯定回应
17	师：通过这两个小练习，大家能发现有什么规律吗？这两个例题中都出现了三角形的几个外角？ 生：1个。 师：$\angle 1$ 是三角形的外角，$\angle 2$，$\angle 3$ 是三角形的什么角？ 生：内角。 师：首先关注位置关系，$\angle 1$ 和 $\angle 2$，$\angle 3$ 的位置关系是什么？ 生：不相邻。 师：不相邻，非常好！再看数量关系，$\angle 1$ 和 $\angle 2$，$\angle 3$ 是什么关系？ 生：$\angle 1=\angle 2+\angle 3$。 师：接下来，在一般情况下，$\angle ABD$ 是三角形的一个什么？	是何类	让学生齐答或自由答	集体齐答	肯定回应

续表

序号	问答简述	问题类型	教师挑选回答问题的方式	学生回答的方式	教师回应的方式
	生：外角。 师：∠A和∠C是三角形的什么？ 生：内角。 师：位置关系如何？ 生：不相邻。 师：数量关系如何？ 生：∠ABD=∠A+∠C。				
18	师：可不可以猜想一下，假如把这样的结论推广到任意一个三角形中，结论是否仍然成立？ 生：三角形的一个外角等于与它不相邻的两个内角之和。 师：我来重复一下，三角形的一个外角等于与它不相邻的两个内角之和。这是这位同学刚才得出的一个结论。	若何类	提问前先点名	个别回答	重复学生回答并解释

从表3-3中可以看到，在这个教学片段中共出现了18个问题，其中问题1和问题2与教学内容不直接相关，不予记录，问题6没有明确的引导语，不予记录。问题类型频次信息参见表3-4，课堂对话方式频次统计参见表3-5。

表 3-4 "关注三角形的外角"问题类型频次统计表

问题类型	记号记录	频　次	比例(%)
是何类问题	正正一	11	73.3
为何类问题	一	1	6.7
如何类问题	一	1	6.7
若何类问题	丁	2	13.3
问题总数		15	100

表 3-5 "关注三角形的外角"课堂对话方式频次统计表

观察维度		记号记录	频　次	比例(%)
教师挑选回答问题的方式	提问前先点名	丁	2	11.1
	让学生齐答或自由答	正正正	14	77.8
	叫举手者答	一	1	5.55
	叫未举手者答	一	1	5.55
	鼓励学生提出问题		0	0
学生回答的方式	集体齐答	正下	8	44.4
	讨论后汇报		0	0
	个别回答	正	4	22.2
	自由答	正	4	22.2
	无人回答	丁	2	11.1
教师回应的方式	肯定回应	正正下	13	72.2
	否定回应		0	0
	无回应		0	0
	重复学生的回答并解释	下	3	16.7
	打断回答或教师代答	丁	2	11.1

·记号体系分析方法中的数据分析·

由于记号体系分析方法只是在每一种要观察的事件或行为发生时做个记号，因此课堂观察结束后，观察者只需要统计出每个观察维度的记号数量，即每种行为发生的频次，再计算出每种行为在其所属上一级维度中所占的比例，就可以运用频次和比例进一步分析教学行为的特点和反映出的问题。

通常情况下，在进行记号体系分析方法的数据分析时，除了对观察维度的整体数据进行分析外，还需要重点关注所占比例最高和最低的维度，以发现教师的教学特点和存在的教学问题。

为了能更直观清晰地呈现记号体系分析的结果，了解各个观察维度所占的比重，还可以将观察数据以条形图、饼图等更为直观的形式呈现出来。详见模块一中的"案例赏析1-2：结构式课堂观察"中的课堂观察数据。

观察练习

记号体系分析方法

通过对记号体系分析方法中的数据收集与分析的学习，相信您早已摩拳擦掌，跃跃欲试了吧？下面就请您通过阅读一段课堂实录片段，采用记号体系分析方法对问题类型和课堂对话方式进行分析，将观察记录填入表3-6和表3-7中，并对观察结果进行分析。

下面呈现的是高中一年级作文课"纸随心飞"的教学片段，授课教师是四川省成都市HX中学的唐老师。

师：请大家拿出手中这张纸，既然大家都很少观察我们的生活，今天我就给大家一个机会，请你来观察一下这张纸。那么，我们怎样观察这张纸呢？如何才叫观察呢？谁能告诉我？王×（未举手），咱们班的班长，你来说说看。

生：首先观察它的物理特性，然后通过它的本质再联想一些东西。

师：观察物理特性。那么你认为纸的本质是什么呢？

生：书香嘛。

师：书香。我再追问你一个问题：怎样才叫观察了这张纸？我听到这边有同学在帮你了，赵××（举手），你来说说看。

生：拿到这个东西的时候要知道它的名字，闭上眼睛的时候知道它的样子，还有就是知道它的作用。

师：说得好不好？

生（部分学生回答）：好。

师：鼓励一下。

学生鼓掌。

师：我们再来说说她为什么说得好。刚才她说首先要知道它的样子，请问它有没有调动我们身体的哪些感官呢？

生（部分学生回答）：视觉。

师：视觉，好！然后她说闭上眼睛的时候知道它是什么形状，你们觉得她用到的是什么？

生（部分学生回答）：想象。

师：摸起来之后得知道它是粗是细，这是什么感官呢？

生（齐答）：触觉。

师：好！现在有同学能不能告诉我什么叫观察了这张纸？什么叫作观察了生活？我们哪位同学总结一下？杨××（未举手），你来说说看吧。

生：运用自己的感官。

师：运用自己的各种感官去体会。现在再追问同学们一个问题：什么叫运用各种感官？我们人有几种感官？摸摸你的各种感官在哪里？是什么？

生：视觉。

师：还有呢？

生（集体回答）：听觉、嗅觉、触觉……

师：对了，其实就是我们人体的五官。调动我们的五官，用心去感受身边的一切，包括这张平凡的白纸。我们现在就调动大家的五官来观察一下这张纸，看一看，听一听，摸一摸，看看有什么不同。可以你摸摸我的纸，我摸摸你的纸，也可以大家都摸摸同一张纸。有感受的同学请用5个词表达一下你调动五官之后对这张纸的感受。徐××(举手)，请你起来说一下你都写了哪几个词语。

生：白色，长方形。

师：白色，长方形，请问你这是调动了哪种感官？

生：视觉。

师：好，视觉，还有其他的吗？

生：粗糙，这是触觉。

生（另一个学生回答）：光滑。

师：没关系，这是个体感受的差异，我们有的同学觉得这张纸粗糙，有的同学觉得不是，魏×(未举手)你起来说一下。

生：光滑。

师：光滑，好，这就是个体差异。我们每个人看到的世界、感受到的世界都不相同，所以我们的感受也不尽相同。好，请坐。刚才同学们已经通过视觉和触觉说出了一些感受，还有其他同学有其他感官的词语吗？雷××(举手)你来。

生：无味。

师：嗯，你尝过吗？怎么知道它无味？

生：闻着无味。

师：哦，是闻起来没有味道。这是什么？

生（部分学生回答）：嗅觉。

师：还有什么感觉没有用到？

生（雷××回答）：清脆，听觉。

师：好，现在同学们看这张白纸，通过它你还能看到什么吗？只能看到它是白色的吗？袁××（举手）你来分享一下。

生：可以将这张纸看成是一条瀑布。

师：我们把掌声送给她好不好？

师生全体鼓掌。

师：我为什么要送给她掌声呢？因为虽然这是一张普通的纸，但是袁××同学通过她的……是想象吗？还是联想？

生（部分学生回答）：联想。

师：好，通过联想觉得它不再是一张普通的纸了，而是一条瀑布。我们其他同学顺着这个思路，还能看到这张纸其他不同的地方吗？想一想，吴×（未举手）。

生：我觉得它就像一片白云。

师：一片白云飘在天空中，好，请坐。来，这边，陈××（举手），你觉得呢？

生：看到这张白纸，我想到人生。因为我们每个人生下来就像一张白纸一样，我们要在成长的过程中填满这张纸。

师：好不好？

生（集体回答）：好！

师：还有其他想法吗？胡××（举手）。

生：这张白纸就像正在融化的积雪。为什么积雪会融化呢？因为全球气候变暖了。

师：好，我们把掌声送给她。同学们可以发现，一张普普通通的白纸，它是有"情"的，它的"情"来自我们同学对环境、对地球的关怀；它是有"意义"的，它的"意义"来自我们同学对于人生的思考；实际上它还是有"味道"的，它的"味道"来自我们同学对它细细地品读。除了"有情""有意""有味"外，我们的纸还可以有理有据。既然一张纸可以带给我们这么多的感受，那么我们的古代先贤对纸又有哪些说法呢？请同学们小组讨论一下古代先贤们说纸的词语、成语、俗语和诗句。

学生分小组讨论。

师：好，我们换个方式。大家已经分小组讨论过了，那么，我们现在请每个小组的发言人进行第一轮的介绍，第二轮由每个小组抢答。这次我们采用倒序答题的顺序，由第七小组开始，好，只说一个。

生：纸上谈兵。

师：好多同学的都被说过了吧，快快想其他的。第六小组。

生：洛阳纸贵。

……

生：面如黄纸。

师：这个是词语，可不可以？

生（部分学生回答）：可以。

师：可以啊。

生：白纸黑字。

生：纸包不住火。

生：纸醉金迷。

师：好，全部都发言完了，同学们说说这纸里的有情有理，比如说《红楼梦》里有一段非常著名的诗句是什么？

学生无人回答。

师：满纸荒唐言……

生（部分学生回答）：一把辛酸泪。

师：好了，接着来，各小组抢答，三二一，开始！

学生抢答中……

师：其实我们同学的童年，还涉及一个与纸有关系的词语……

生（部分学生回答）：纸飞机。

师：纸飞机，大家都玩过，它可以在天空中滑行，如果有根绳子拉着它，可以让它忽高忽低地飞行，那是什么？

生（学生自由回答）：纸风筝、纸鸢。

师：好，非常好！

表 3-6 问题类型观察表

问题类型	记号记录	频　次	比例(%)
是何类问题			
为何类问题			
如何类问题			
若何类问题			
问题总数			

表 3-7 课堂对话方式观察表

观察维度		记号记录	频　次	比例(%)
教师挑选回答问题的方式	提问前先点名			
	让学生齐答或自由答			
	叫举手者答			
	叫未举手者答			
	鼓励学生提出问题			
学生回答的方式	集体齐答			
	讨论后汇报			
	个别回答			
	自由答			
	无人回答			
教师回应的方式	肯定回应			
	否定回应			
	无回应			
	打断回答或教师代答			
	重复学生回答并解释			

通过对"心随纸飞"教学片段的问题类型和课堂对话方式的记号体系分析，请写出您对这个教学片段的评价与分析。

> 专家讲座

S-T 分析方法中的数据收集与分析

·S-T 分析方法中的数据收集·

S-T 分析方法是一种典型的编码体系分析方法，简单有效，很具有代表性。通过对教学过程的实际观察和课堂教学过程录像资料的观看，以一定的时间间隔，对观察内容进行采样，并根据采样样本点的行为类别，以相应的符号 S 或 T 记入规定的表格中，由此即构成了 S-T 数据序列，简称 S-T 数据。具体分为以下三个步骤进行数据收集。

第一步，设定采样间隔。

S-T 分析方法采用定时采样法进行采样记录。所谓定时采样法是指按照一定的时间间隔进行采样。采样间隔越小，采集到的样本数据就越多，就能更好地反映整体的实际情况，但是会加大采样工作本身的工作量；相反，采样间隔越大，采集到的样本数据就越少，有可能不能很好地反映整体的实际情况，但采样工作会相对轻松。那么，到底怎样的采样间隔最合适呢？

通常情况下，45 分钟的课堂教学选取的采样间隔是 30 秒，也就是说，每半分钟进行一次采样记录即可。如果课堂时间不足 45 分钟，那么采样间隔就要相应缩短。例如，当课堂时间在 30 分钟左右时，采样间隔通常为 10 秒；当课堂时间在 15 分钟左右时，采样间隔通常为 5 秒。

第二步，记录 S-T 数据。

确定好采样间隔后，就可以收集课堂观察数据了。在观察的过程中，每到采样的间隔时刻就选取一个样本。若该时刻为教师行为，则记为 T，否则记为 S，大小写不限。通过模块二的学习我们知道，教师视觉的、听觉的信息传递行为为 T 行为，而除此之外的所有行为都为 S 行为。也就是说，T 行为是一个很严格的行为，而 S 行为则是相对宽泛的行为。这就意味着，只有当出现明确的教师传递信息行为时我们才能记作 T 行为，否则全部记作 S 行为。在进行数据采样时可能会遇到这样的情况：在采样时刻，全班学生都在做实验、写作业或讨论等，而教师正在对某一位学生进行个别辅导，这时教师虽然也有语言行为，但是这个行为仅仅涉及个别学生（私人对话），而不是教室内的每个人（公共对话），因此这时也应记作 S 行为；有时还会遇到在采样时刻教师和学生同时在说话，这时我们也记作 S 行为。

在课堂现场进行采样时，观察者可借助手机、秒表、笔记本电脑等计时设备进行定时采样。可以将采样数据填入课前打印好的表格中，或者在笔记本电脑上直接填入 Excel 表格中，图 3-1 显示的是以 10 秒为采样间隔

	A	B	C	D	E	F
1	T	S	T	T	S	T
2	T	T	T	T	T	T
3	T	T	T	T	T	T
4	T	T	S	S	T	T
5	S	S	T	T	S	T
6	S	S	T	T	T	T
7	T	S	S	S	S	S
8	T	T	S	T	T	S
9	S	T	T	T	T	S
10	T	T	S	S	T	T

图 3-1　采样记录图

记录的 10 分钟的 S-T 数据。通常情况下,一行表格记录 1 分钟的数据,这样便于直观地看到每个数据是在哪个时刻发生的。

如果通过观看视频案例进行课堂观察,我们可以通过播放器的时间轴轻松地确定采样时间。例如,采样间隔是 10 秒,视频在 0 分 20 秒暂停时,学生正在向授课教师问好,此时为 S 行为,记在第一行单元格的第二列中。又如,当视频在 1 分 10 秒暂停时,授课教师正在进行课堂引入,举出实际例子,此时为 T 行为,记在第二行单元格的第一列中。

如果我们设定的采样间隔为 5 秒,教学视频长度为 10 分钟,那么 1 分钟就会产生 12 个数据,我们的数据序列就会由 10 行 12 列数据组成,如图 3-2 所示。

	A	B	C	D	E	F	G	H	I	J	K	L
1	T	S	S	T	T	T	S	S	S	S	S	S
2	S	S	S	T	T	T	S	S	S	S	S	T
3	S	S	S	T	T	T	S	T	T	S	S	T
4	T	T	S	T	T	T	T	T	T	S	T	T
5	T	T	T	T	T	T	T	T	T	S	T	T
6	T	T	S	S	S	S	T	T	T	S	S	S
7	T	T	S	S	S	S	T	S	T	S	S	S
8	S	S	T	T	T	S	S	S	S	S	T	S
9	S	S	S	T	T	S	S	T	T	T	T	S
10	S	S	T	T	T	T	S	T	T	T	T	S

图 3-2 以 5 秒间隔对 10 分钟教学采样得到的数据

第三步,进行信度检验。

信度检验即计算信度系数。信度系数越大,表明测量的可信程度越大。戴维利斯(DeVellis,1991)认为,信度系数在 0.60~0.65 时,最好不采纳;信度系数在 0.65~0.70 时,为最小可接受值;信度系数在 0.70~0.80 时,表明数据相当好;信度系数在 0.80~0.90 时,表明数据非常好。在进行 S-T 分析时,如果信度系数在 0.70 以上,则表示数据可以接受;如果信度系数小于 0.70,则需要几位观察者讨论协商,直至信度系数达到 0.70 以上。

那么，如何计算信度系数呢？

下面我们简单介绍一下运用 SPSS 软件进行信度检验的方法。

通常由 2～3 人对课堂录像进行采样编码，以 3 人为例，首先，录入 3 个人的数据，如图 3-3 所示。

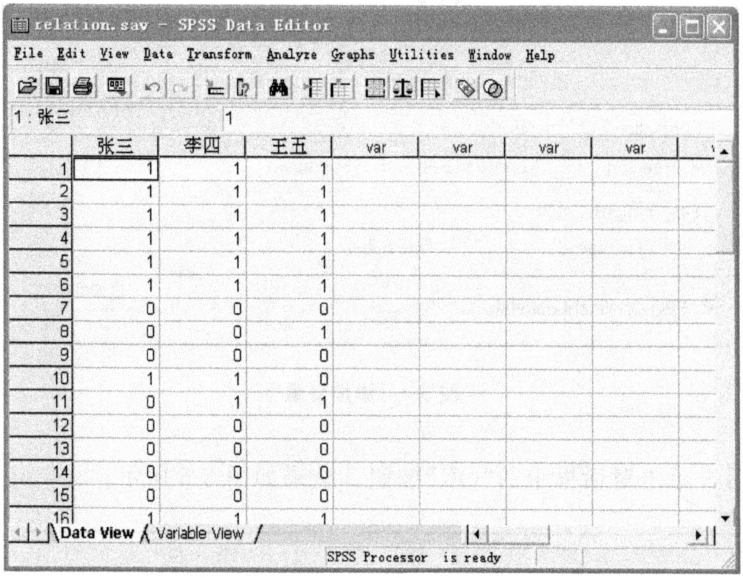

图 3-3　录入数据

其次，在"Analyze"菜单下的"Correlate"中选择"Bivariate"命令，打开图 3-4 所示的"Bivariate Correlations"对话框，在其左侧变量列表中选择"张三""李四"和"王五"变量，并将其添加到"Variables"框中。

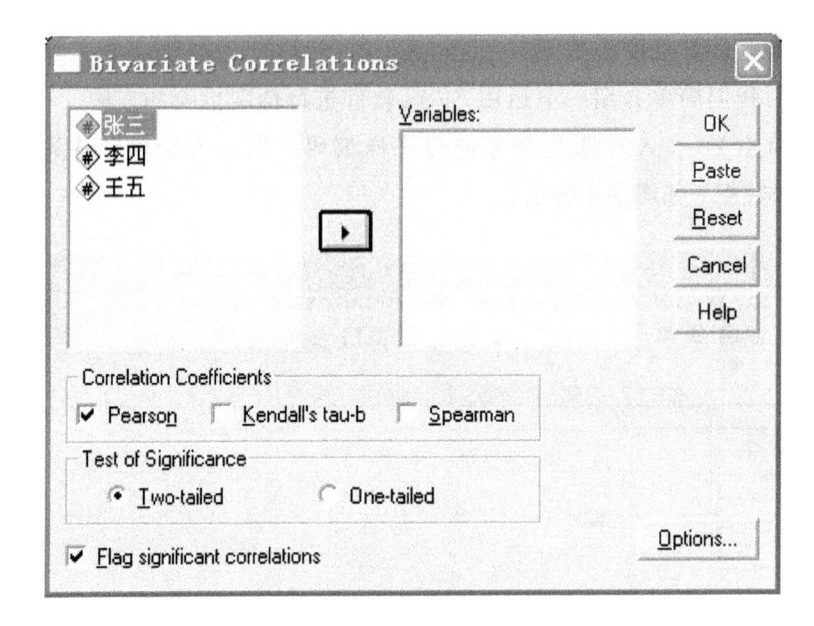

图 3-4 添加变量

最后,单击对话框中的"OK"按钮,结果如图 3-5 所示。

		张 三	李 四	王 五
张三	Pearson Correlation	1	.889**	.653**
	Sig. (2-tailed.)		.000	.005
	N	17	17	17
李四	Pearson Correlation	.889**	1	.764**
	Sig. (2-tailed.)	.000		.000
	N	17	17	17
王五	Pearson Correlation	.653**	.764**	1
	Sig. (2-tailed.)	.005	.000	
	N	17	17	17

** Correlation is significant at the 0.01 level(2-tailed).

图 3-5 显示结果

结果表明：三人编码的信度达到了可以接受的程度，但张三与王五的编码差距较大，需要三人小组就具体编码进行协商，达成一致，修改编码结果。

在没有 SPSS 软件或信度要求不是特别高的情况下，也可以将信度检验简化为计算一致性系数。一致性系数是指不同研究者的相同编码数除以编码总数。例如，两个人共同观察一节课，都获得了 240 个数据，其中有 210 个数据完全相同，则他们的一致性系数为 210/240＝0.875，表明这两份数据的一致性系数为 0.875，属于非常好的数据信度，可以进行下一步的数据分析。

·S-T 分析方法中的数据分析·

了解了 S-T 分析方法中的数据收集过程后，接下来我们将进入数据分析部分。S-T 分析方法可以用两种不同的方式表示教学模式：一种是以 S 行为和 T 行为随时间变化的 S-T 图的方式；另一种是以 Rt-Ch 图的方式，并突出表现教学性格或教学类型。在此，我们依然采用张老师的"关注三角形的外角"一课进行数据分析的讲解。

一、S-T 图的绘制

获得 S-T 数据后，可以手绘或使用专业软件绘制出以 S 行为、T 行为随时间变化的 S-T 图。图 3-6 为 S-T 分析软件得到的 S-T 图，只需将存在 Excel 表中的 S-T 数据导入软件即可获得。

手绘 S-T 图通常需要在专用的绘图用纸上绘制，一般可使用坐标纸进行描绘。纵轴为 S，横轴为 T，分别表示 S 行为和 T 行为的时间，单位为分钟，原点为教学的起始时刻。以采样间隔 30 秒为例，假设采集到的前四个数据分别是 T，S，T，T，也就是说第 30 秒是 T 行为，第 1 分钟是 S 行为，第 1 分 30 秒是 T 行为，第 2 分钟是 T 行为。教学开始第 0 秒为原点，第30秒为T行为，所以在T轴上从原点起画30秒的横线；第1分钟是S行为，所以从第30秒起画30秒的竖线；第1分30秒是T行为，再接着画30秒的横线；第2分钟是T行为，再接着画30秒的横线；将实测得到的S和T数据顺序地在S轴、T轴上予以表示，直至教学的结束时刻止，即可绘制好S-T图。

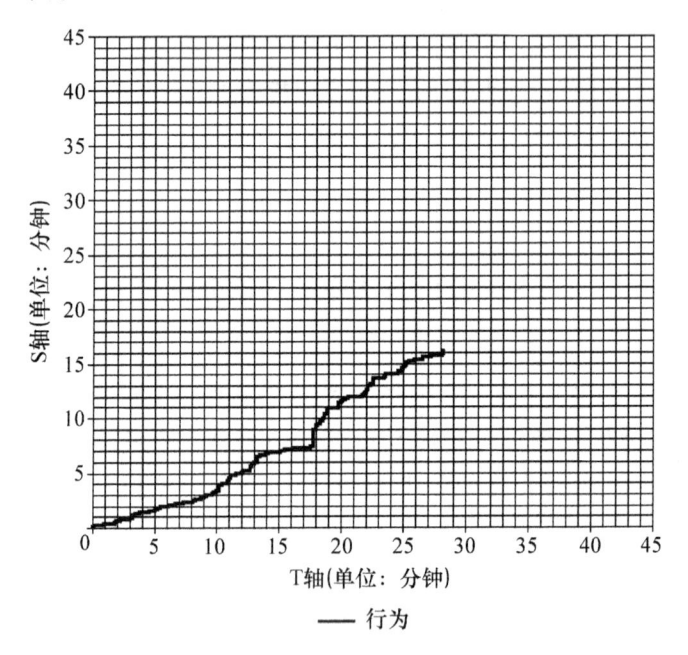

图3-6 "关注三角形的外角"S-T教学分析图

二、S-T图的解读

S-T图表示的是课堂中师生行为随时间变化的曲线。若曲线偏向于T轴，则说明此节课的教师行为较多；若偏向S轴，则说明此节课的学生行为较多；曲线中的转折越多，说明师生行为的转换次数越多，反映出师生之间的交互也就越多。

若横轴出现较大断层，如图3-7A所示，则说明教师行为大量连续出现，反映出课堂中以教师大段讲授等行为为主，教师给予学生思考、学习的机会较少、时间较短，是典型的讲授型教学模式，不利于学生自主探究学习精神和能力的培养；若纵轴出现较大断层，如图 3-7B 所示，则说明学生行为大量连续出现，反映出课堂中以学生动手实践、思考讨论、自主练习等行为为主，教师在学生自主探究学习过程中给予的引导或指导较少，是典型的练习型教学模式。

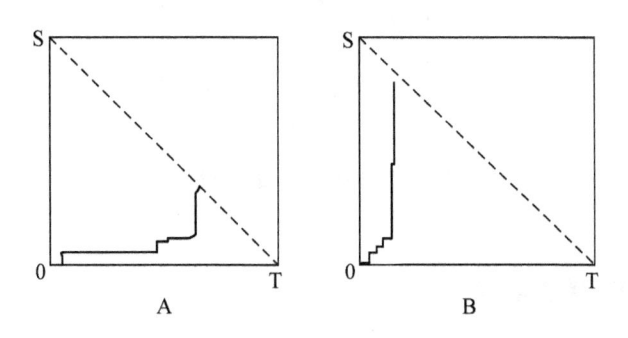

图 3-7　讲授型和练习型教学模式的 S-T 图

从图 3-6 中可以看出，本节课师生之间的转换次数频繁、师生交互较多，基本没有出现教学行为的断层，教师对学生的引导合时合理，对课堂的把控和收放较为自如。

三、Rt-Ch 图的绘制

S-T 分析法可以直观地表示教学性格，而教学性格就是由 Rt-Ch 图表现出来的。

获得 S-T 数据后，还需要计算出两个量：Rt 教师行为占有率、Ch 师生行为转换率。Rt-Ch 图就是分别将计算出的 Rt 和 Ch 数据描绘在以横轴为 Rt、纵轴为 Ch 的平面上。显然，一节课的教学在 Rt-Ch 图中对应一个点，图 3-8 的三角形阴影区域为 (Rt, Ch) 点存在的逻辑范围。在 Rt-Ch 图中，横轴 Rt 表示了教师的讲授和演示行为占总行为数的比例，纵轴 Ch 表示了教学中师生活动的交互程度。

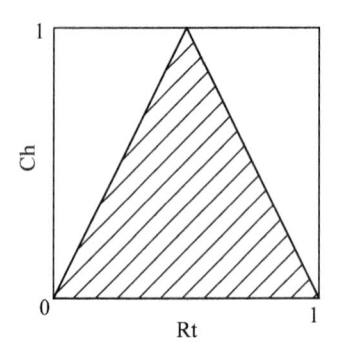

图 3-8　Rt-ch 图的有效区域图

四、Rt-Ch 图的解读

得到(Rt,Ch)点后,如何界定这节课的教学类型呢?Rt-Ch 图可以区分四种不同的教学模式:①以学生活动为主,且师生活动互动程度较低的练习型教学模式;②以教师活动为主,且师生活动互动程度较低的讲授型教学模式;③师生活动比例相当,且师生活动互动程度较高的对话型教学模式;④师生活动比例相当,但师生活动互动程度较低的混合型教学模式。如图 3-9 所示。

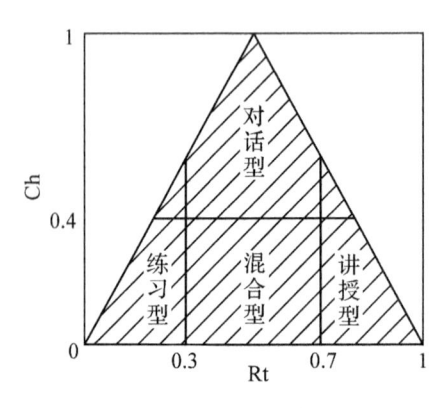

图 3-9　Rt-Ch 图

"关注三角形的外角"一课的 Rt=0.64，Ch=0.35，(0.64，0.35)这个点落在了混合型区域，因此这节课是混合型教学模式，如图 3-10 所示。

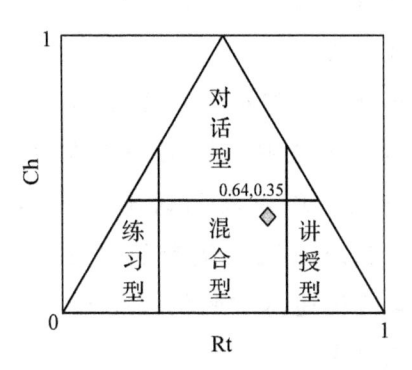

图 3-10 "关注三角形的外角"Rt-Ch 图

Rt-Ch 图可以有效地区分四种教学模式，是一种描述教师教学性格的方法，在实际的教科研中已经被广泛应用。

◆ 观察练习 ---

S-T 分析方法

·采 样 练 习·

请判断以下几种情况属于 S 行为还是 T 行为，并在括号中填写 S 或 T。

（   ）1. 今天我们上作文课。一说到作文课，有些同学肯定很厌烦，这到底是为什么呢？今天在上课前，我想问问同学们，你们在写作文时到底有哪些困惑呢？

(　　)2. 老师，我认为素材太少，看到题目后无从下笔。

(　　)3. 好，请坐。素材太少，有这样问题的同学请举手。

(　　)4. 学生在进行激烈的小组讨论。

(　　)5. 教师在播放幻灯片。

(　　)6. 她说得好不好？我们把掌声送给她。

(　　)7. 这就是所谓个体差异。我们每个人看到的世界、感受到的世界都不相同，所以我们的感受也不尽相同。好，请坐。刚才同学们已经通过视觉和触觉说出了一些感受，还有其他同学有其他描述感官的词语吗？

(　　)8. 学生处于沉默中。

(　　)9. 教师在黑板上写下作文题目"纸随心飞"。

(　　)10. 学生在写作文。

·图示练习·

S-T 分析方法可以用 S-T 图和 Rt-Ch 图两种不同的方式表示教学模式，虽然这两种模式的表现形式不同，但是它们却有着对应的关系。以下分别展示了四种教学模式的 Rt-Ch 图，请在下面的甲、乙两幅 S-T 图中选择与 Rt-Ch 图相对应的 S-T 图，并在括号中打"√"。

(1) 练习型

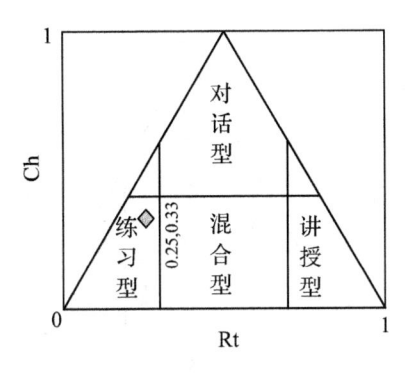

(Rt = 0.25，Ch = 0.33)

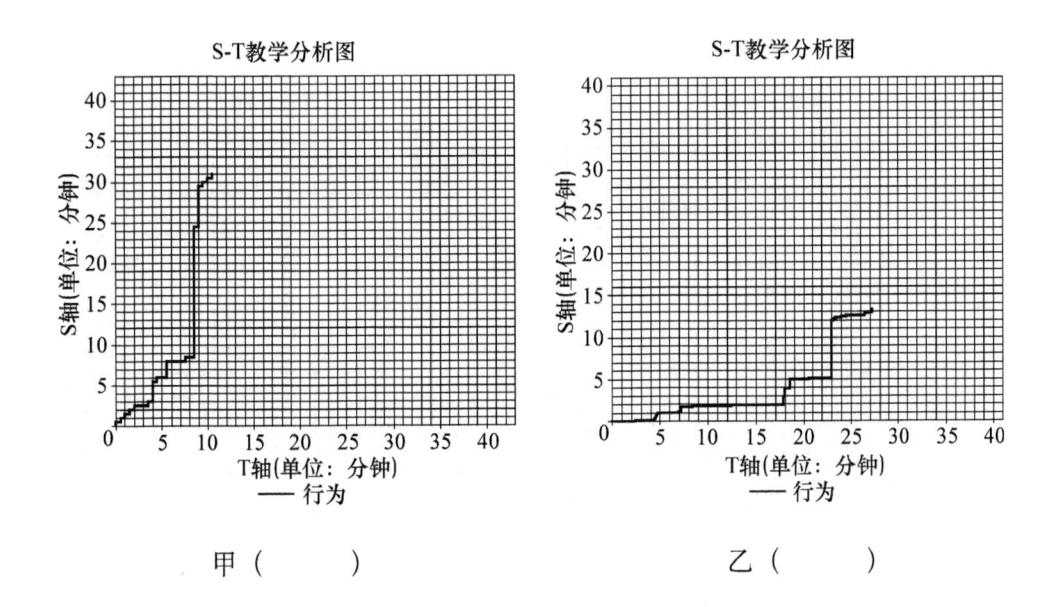

S-T教学分析图

甲（　　）

S-T教学分析图

乙（　　）

(2)讲授型

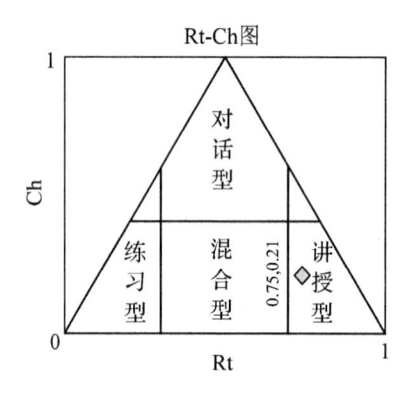

Rt-Ch图

(Rt = 0.75，Ch = 0.21)

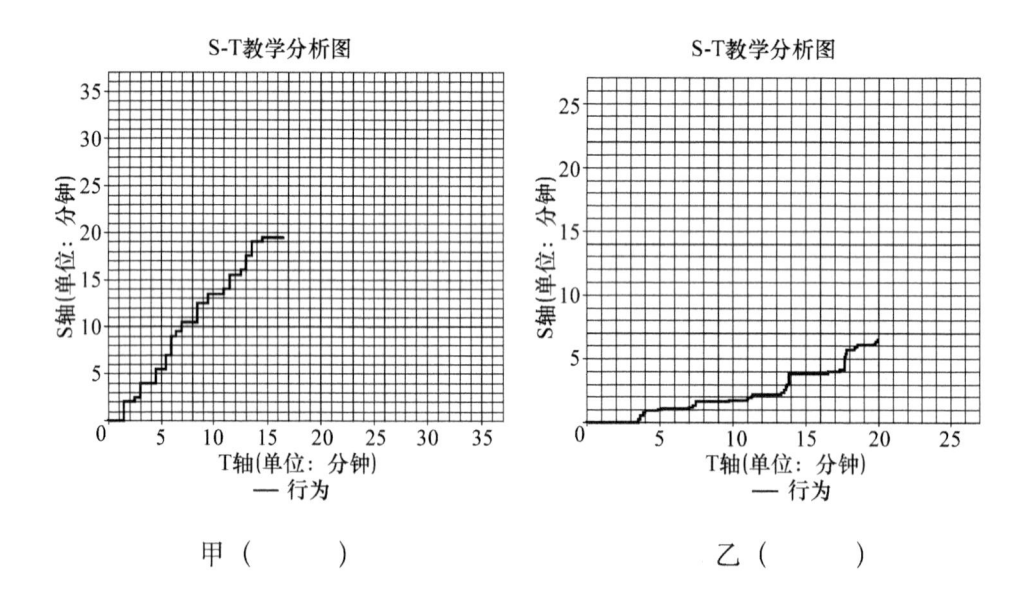

S-T教学分析图

S-T教学分析图

甲（　　）　　　　　　乙（　　）

(3)对话型

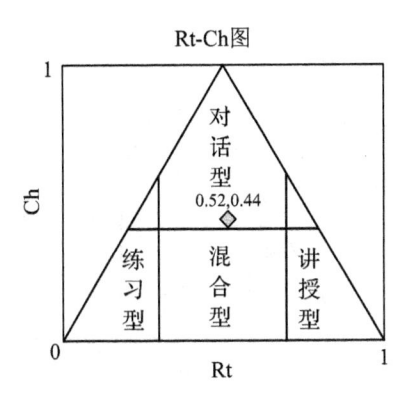

Rt-Ch图

(Rt = 0.52, Ch = 0.44)

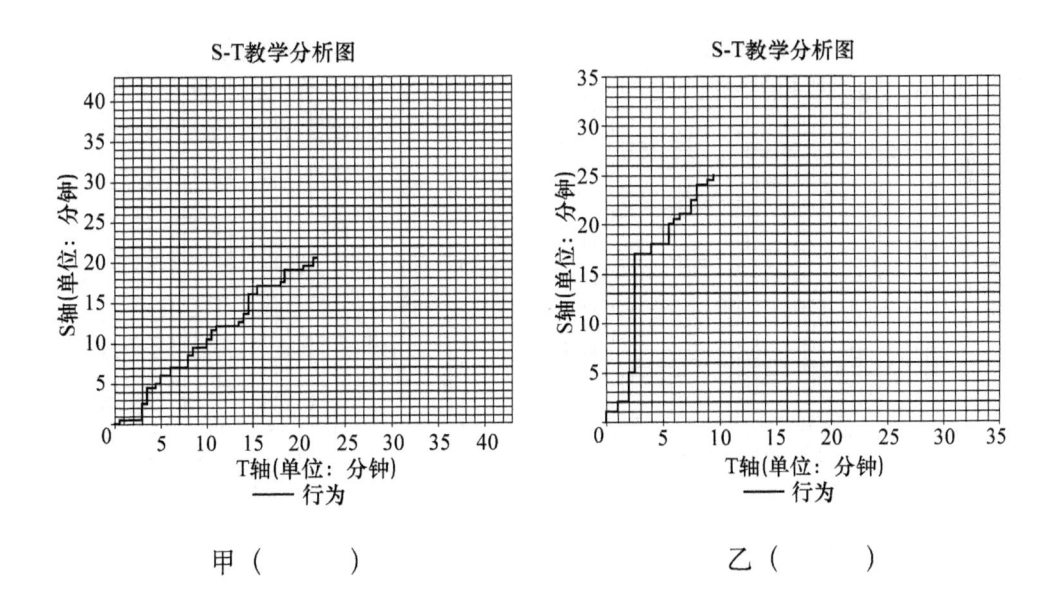

S-T教学分析图

甲（　　）

S-T教学分析图

乙（　　）

(4)混合型

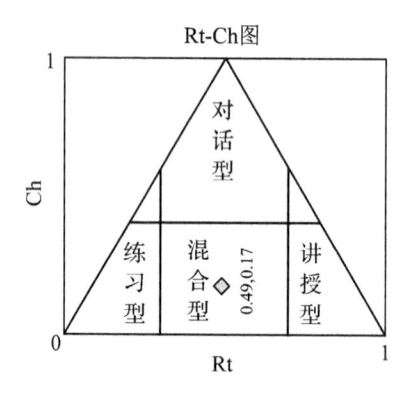

Rt-Ch图

(Rt = 0.49, Ch = 0.17)

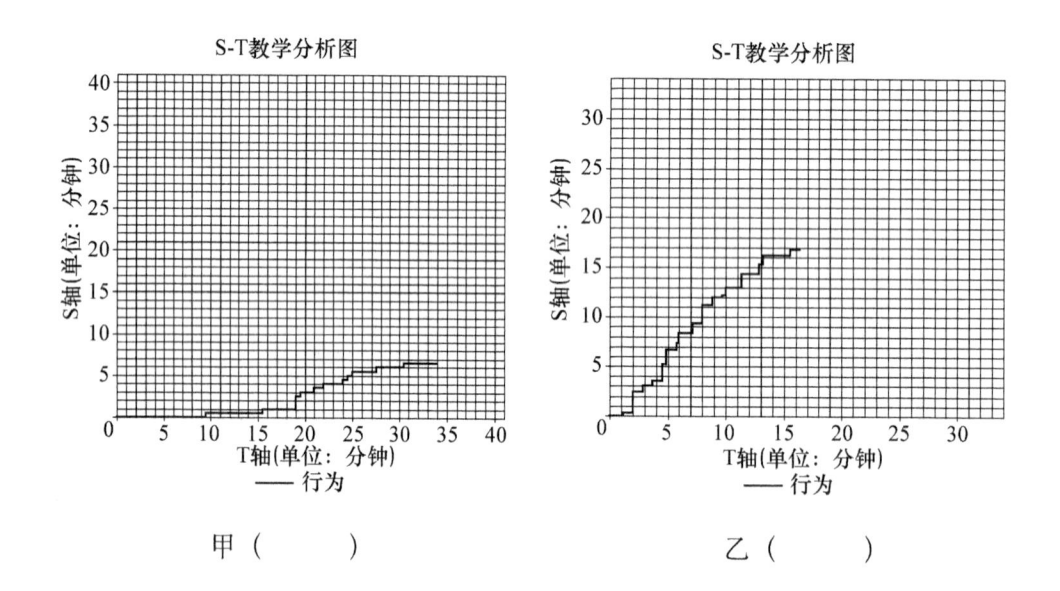

S-T教学分析图

甲（　　）

S-T教学分析图

乙（　　）

模块四　反思课堂观察方法与技术

建议时间：6 小时

说明

　　本模块首先引导您赏析两份完整的课堂观察报告和三个"课堂观察助我成长"的案例，帮助您进一步深入体会课堂观察方法与技术对教学实践行为的诊断与改进作用；其次，介绍了一份技术支持下的高中数学课堂教学行为研究报告，该报告运用课堂观察方法与技术进行大样本的课堂教学行为研究，以发现有效课堂行为的相对标准，供教师参考；最后，从不同角色的视点出发对课堂观察方法与技术进行深入反思，以帮助您建立起对课堂观察方法与技术的理性、客观的认识

核心概念

　　课堂观察报告　教学行为　教师专业发展

活动

　　案例赏析

　　评估调研

　　分享观点

学习导入

通过前三个模块的学习,您一定已经感悟到课堂观察方法与技术的独特魅力,理解并掌握了课堂观察的具体方法与技术。本模块将带领您充分运用您所掌握的课堂观察方法与技术进行完整的、多角度的课堂观察与分析,并探讨其对教师个体和校本研修团队所起的促进作用,深刻剖析它的多种运用。只有对课堂观察方法与技术进行深入的反思,形成对课堂观察方法的理性认识,才能真正利用课堂观察方法与技术促进教师的专业发展,提高校本研修的质量。

案例赏析

课堂观察报告

·课堂观察报告的组成·

一份完整、全面的课堂观察报告通常包括以下内容。

1. 课例信息

课例信息包括课例名称、学科、年级、教材版本、授课教师姓名及教龄、课型(如新授课、复习课、活动课等)等。

2. 开放式课堂观察记录

开放式课堂观察记录最常使用的工具是课堂观察田野笔记。课堂观察田野笔记通常采用表格的形式，记录包括实地情况、直接感受、方法笔记、分析与思考等内容，记录结果不仅能帮助授课教师和观察者还原课堂的整体过程及诸多细节，还有助于观察者理解、解释其他量化课堂观察结果的数据。

3. 结构式课堂观察记录

结构式课堂观察记录通常采用记号体系分析方法进行。记号体系分析方法所使用的记录表包括：观察维度、记号记录项、频次和比例、观察结论和建议等。

4. 系统式课堂观察记录

系统式课堂观察记录通常采用编码体系分析方法进行。本书重点介绍了一种典型的编码体系分析方法——S-T 分析方法。S-T 分析方法的观察记录包括：S-T 数据收集记录单、S-T 图、Rt-Ch 图，以及结论和建议。

5. 课堂观察结论

课堂观察结论是指依据上述开放式课堂观察记录、聚焦式课堂观察记录和结构式课堂观察记录的结果所给出的整体综合性结论。

我们可以将课堂观察报告形象地比作体检报告，课堂观察的过程也就是一次全面、深入的体检过程。开放式课堂观察相当于医生的望、闻、问、切，涉及身体的多个部位，在一定程度上依赖医生的行医经验，是一种基于"面"的观察；结构式课堂观察相当于做血液检验、拍摄 X 射线摄片等，这种检查针对性强，结果清晰明了，是一种基于"点"的观察；系统式课堂观察相当于做动态心电图、脑电图等，这种检查会针对某个部位进行一段时间的动态监测，其结果能够反映出该部位的动态特性，是一种基于"线"的观察。有了"点、线、面"有机结合的立体化检查，就可以得出一份科学、客观的体检报告。

由此可见，各种课堂观察方法之间并不是相互排斥的，而是相互证明、相互补充的。在实际的课堂观察中，研究者往往需要将多种观察方法综合使用，才能够真正帮助教师萃取出具体经验，并开展反思、分析、推论，促进教师的教学实践行为改进，最终达到优化教与学过程的目的。

下面呈现了两份课堂观察报告：第一份是某中学数学校本研修团队通过现场课堂观察后撰写的课堂观察分析报告，第二份是某高校研究团队对一节视频课例进行课堂观察后撰写的课堂观察分析报告。

案例 4-1 "基本不等式"课堂观察分析报告

一、课例信息

课例名称	基本不等式		
学　　科	数　学	年　级	高中二年级
主讲教师	贺老师	教　龄	四　年
课　　型	☐概念课　☑活动课　☐技能课　☐复习课		
教材版本	新课标人教 A 版数学必修五第三章		

二、开放式课堂观察记录

观察者	吴老师 赵老师	观察时间	2011 年 10 月 26 日
实地情况	直接感受	方法笔记	分析与思考
师：案例一：图片呈现的是在北京召开的第 24 届国际数学家大会的会标，会标是根据中国古代数学家赵爽的弦图设计的，	学生明确自己的任务，很快进入思考状态。2 分钟后开始有小组	我坐在第一小组和第二小组旁边，能够清楚地	贺老师的三个案例的设计任务明确，开场便激发了学生探究的

续表

实地情况	直接感受	方法笔记	分析与思考
颜色的明暗使它看上去像一个风车，代表中国人民热情好客。你能在这个图案中找出一些相等关系或不等关系吗？ ICM 2002 Beijing August 20-28, 2002 **案例二**：两个直角三角形的面积与矩形的面积，你能发现一个不等式吗？ 1. $\dfrac{25+81}{2}$ ＿＿ $\sqrt{25\times 81}$ 2. $\dfrac{\dfrac{1}{4}+1}{2}$ ＿＿ $\sqrt{\dfrac{1}{4}\times 1}$ 3. $\dfrac{1+16}{2}$ ＿＿ $\sqrt{1\times 16}$ 4. $\dfrac{2+2}{2}$ ＿＿ $\sqrt{2\times 2}$	成员在组内发表自己的见解，课堂中出现了讨论的气氛。 教师开始巡视课堂（因为分组，走道偏窄，教师关注了前面几个小组，未关注到后面几个小组）。 第一小组学生回答问题时，因没有指定发言人，学生之间互相推脱，最后有一名学生自信地发言，讲得非常到位。 第二小组因角色分工明确，一名女生回答流利，讲得十分到位。	观察他们的讨论情况。	兴趣。 根据现场情况看，因原来计划授课班级的电脑出现故障，换了班级以后，小组角色分工没有完全指导到位，在回答问题时三个小组出现了不同的反应方式。

续表

实地情况	直接感受	方法笔记	分析与思考
案例三：学生分成三个小组进行讨论，讨论热烈。	第三小组问题简单，学生积极性高，学生们主动发言。		
回答三个案例后思考：若 $a,b \in R$，那么 $$a^2+b^2 \geqslant 2ab$$ （当且仅当 $a=b$ 时取等号）。 **问题一**：如何证明这个结论？ **问题二**：该结论成立的条件是什么？ **问题三**：该结论等号成立的条件是什么？	证明并不难，学生很快回答出来，贺老师用课件展示了答案。	我周围的学生能够很快说出自己的想法，并且是正确的。	从三个方面研究这个不等式很好，可是如何改进设计问题的方式，以便更好地调动学生的思维，还需要教师思考。 贺老师启发学生思考时不自觉地把各种证明方法都说了一遍，展开得有点多。
解决了这些问题后，贺老师引导大家提出猜想，并思考：如果 $a>0$，$b>0$，我们用 $\sqrt{a}$，$\sqrt{b}$ 分别代替 a，b，能得到什么结论？	贺老师让学生到黑板上写板书，学生写出的是采用不规范的分析法证明的不等式，贺老师应变能力很强，采用在学生书写的步骤上添加文字的方法，保证了证明的完善。		此处反映了贺老师的课堂随机应变能力。但此处证明本身和上面一样，只是形式有所变化，看来上面用课件展出的证明没有给学生留下深刻的印象。

续表

实地情况	直接感受	方法笔记	分析与思考
接着贺老师指出，可以从形的角度对此不等式进行解释。 几何解释： 熟悉运算结构，贺老师对不等式的特点、运用进行了阐述。	几条线段只在图中标出名称，没有在空白处显示它们代表的是哪一段。 由于学生对初中的几何知识有些淡忘了，因此回答的积极性不高。 教师的讲解清楚到位。 教师的活动时间长，学生在认真记笔记。	有些学生没有记笔记，不知道是觉得过于简单还是其他原因，有待核实。	适当复习初中知识效果会更好。 能否让学生继续思考其中需要重点理解的注意事项？ 前边的证明用黑板板书，此处通过课件展出效果会更好。
紧接着贺老师和学生一起思考例题：求函数 $$y=x+\frac{1}{x}(x>0)$$ 的最小值。对其中三个条件的改变给出三个不同的问题。	例题选的起点低，容易引起所有学生的注意。从基本不等式一正、二定、三能的角度再次进行了阐述，并就具体问题如何处理，让学生进行了实际操作。		例题设置和变式设置比较好，增加了若何类问题，层层推进，效果非常好。
最后进行课堂小结，教师和学生共同完成。	学生的情绪不高。因为下课铃响了，出现个别学生随意回答的情况。		小结部分给学生思考的时间少。因上课晚了几分钟，出现实际下

续表

实地情况	直接感受	方法笔记	分析与思考
			课时间与学校规定时间不一致的情况。看来拖堂不受学生的喜欢。

三、结构式课堂观察记录

1. 问题类型观察

观察者	王老师、兰老师	观察时间	2011年10月26日
问题类型记录单	<table><tr><th>问题类型</th><th>记号记录</th><th>频 次</th><th>比例(%)</th></tr><tr><td>是何类问题</td><td></td><td>34</td><td>85</td></tr><tr><td>为何类问题</td><td></td><td>1</td><td>2.5</td></tr><tr><td>如何类问题</td><td></td><td>2</td><td>5</td></tr><tr><td>若何类问题</td><td></td><td>3</td><td>7.5</td></tr></table>		
问题类型分析的结论与建议	结论： 1. 本节课共提出40个问题，学生回答积极性高，课堂气氛活跃。 2. 是何类问题占85%，比例过高。 3. 为何类、如何类、若何类问题少，不能引起学生的深入思考。 建议： 本节课的课型是活动课，应适当减少是何类问题，增加为何类、如何类和若何类问题，使"四何"问题类型的比例与活动课课型相匹配。		

2. 课堂对话方式观察

观察者	成老师、董老师	观察时间	2011年10月26日

		观察维度	记号记录	频 次	比例(%)
课堂对话方式记录单	教师挑选回答问题的方式	提问前先点名		1	2.1
		让学生齐答或自由答		31	64.6
		叫举手者答		2	4.2
		叫未举手者答		9	18.7
		鼓励学生提出问题		5	10.4

		观察维度	记号记录	频 次	比例(%)
课堂对话方式记录单	学生回答的方式	集体齐答		25	43.9
		讨论后汇报		5	8.8
		个别回答		10	17.5
		自由答		12	21.1
		无人回答		5	8.7
	教师回应的方式	肯定回应		8	36.4
		否定回应		0	0
		无回应		2	9
		打断回答或教师代答		0	0
		重复学生回答并解释		12	54.6

续表

课堂对话方式分析的结论与建议	结论： 1. 提问后学生齐答的次数多达 65%，容易忽略学困生的学习情况。 2. 提问后叫未举手者答和鼓励学生提出问题的次数都占到一定比例。 3. 教师肯定回应次数少，重复回答并解释次数多。
	建议： 1. 适当增加个别提问的次数，关注全班学生，尤其是学困生的状况。 2. 增加提问后叫未举手者答和鼓励学生提出问题的次数，真正让所有学生都能得到获取知识的自信。 3. 学生回答问题时应面对同学，如果回答正确，教师要给予真诚、大声地赞美，让学生获得成就感。

四、系统式课堂观察记录

观察者	史老师、邵老师	观察时间	2011 年 10 月 26 日
案例时长	45 分钟	采样间隔	30 秒

	分钟	30 秒	60 秒	分钟	30 秒	60 秒
	0	T	T	10	S	S
	1	T	S	11	S	T
	2	S	T	12	S	S
S-T 数据收集记录单	3	T	T	13	T	T
	4	S	S	14	T	T
	5	S	S	15	T	S
	6	S	S	16	T	T
	7	T	S	17	T	T
	8	S	T	18	T	T
	9	S	S/T	19	T	T

续表

	分钟	30秒	60秒	分钟	30秒	60秒
	20	T	T	33	T	T
	21	S	S	34	T	T
	22	S	S	35	S	T
	23	S	S	36	S	T
	24	S	S	37	S	S
S-T 数据收集记录单	25	S	T	38	S	T
	26	T	T	39	S	S
	27	T	T	40	S	S
	28	T	T	41	S	S
	29	T	T	42	S	S
	30	T	T	43	S	T
	31	T	T	44	T	T
	32	T	T	45	T	S

S-T 图

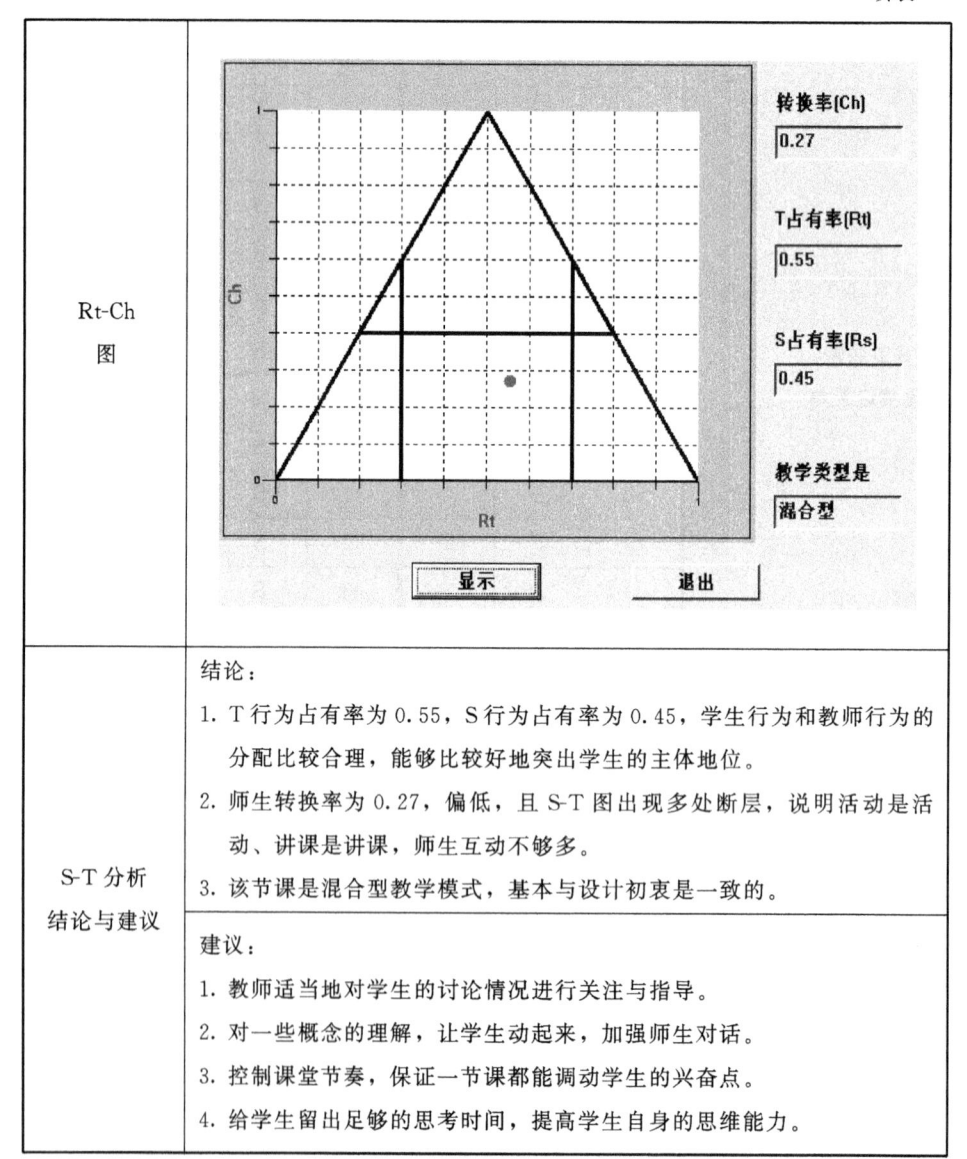

续表

Rt-Ch 图	转换率(Ch) 0.27 T占有率(Rt) 0.55 S占有率(Rs) 0.45 教学类型是 混合型
S-T分析结论与建议	结论： 1. T行为占有率为0.55，S行为占有率为0.45，学生行为和教师行为的分配比较合理，能够比较好地突出学生的主体地位。 2. 师生转换率为0.27，偏低，且S-T图出现多处断层，说明活动是活动、讲课是讲课，师生互动不够多。 3. 该节课是混合型教学模式，基本与设计初衷是一致的。 建议： 1. 教师适当地对学生的讨论情况进行关注与指导。 2. 对一些概念的理解，让学生动起来，加强师生对话。 3. 控制课堂节奏，保证一节课都能调动学生的兴奋点。 4. 给学生留出足够的思考时间，提高学生自身的思维能力。

五、课堂观察结论

本节课在以下方面表现出色：

①课堂小组活动设计精细、分工明确，在调动学生的积极性方面做得较好，增强了学生的团结协作意识和责任心等。

②课堂问题设计梯度合理，逐步引导学生进入较高的思维层次。

③课堂中师生的行为时间分配比较合理，能够突出学生在活动课中的主体地位，学生积极性高、课堂气氛活跃。

建议：

①在小组活动时，教师应对学生的讨论情况进行及时的关注与指导，同时，教师要敢于进一步放手，让学生通过自己思考或小组讨论建构知识，这样有助于学生对知识形成更深刻的理解。例如，对一些概念的理解，应让学生思维活跃起来，并加强师生对话。

②在问题类型方面，应调整"四何"问题的比例，适当减少是何类问题，增加为何类、如何类和若何类问题，以提高学生的思维能力。

③在课堂对话方面，应适当增加个别提问的次数，关注全班学生，尤其是学困生，让每个学生都有展示自我的机会；教师应鼓励学生提出问题，以便真正了解学生的思维层次，及时调整课堂节奏；当学生能够正确地回答问题时，教师要给予真诚的肯定与鼓励，让学生有成就感。

④合适的板书仍然是学生学习数学规范性表达的一种重要途径，所以教师不能仅仅依赖计算机技术而忽略知识生成的重要性。

案例 4-2 "短歌行"课堂观察分析报告

一、课例信息

课例名称	短歌行		
学　科	语　文	年　级	高中一年级
主讲教师	周老师		

二、开放式课堂观察记录(略)

1. 课堂中的教学策略

本节课教师共运用了五种教学方法，并运用了六种教学策略配合这五种教学方法的实施。

表 4-1　课堂中的教学方法与教学策略

教学方法	教学策略
问答法 启发法 讲授＋讲述＋讲解 诵读法 对比法	启发策略 对话策略 问题策略 精细加工策略 先行组织者策略 重复作用策略

2. 教学设计亮点

①以问题为中心的教学设计；

②PPT 的运用体现了一定的非线性学习的特征；

③读人、读文、读意三种教学活动形成了该节课中的三角互动的支架。

三、结构式课堂观察记录

1. 课堂中的提问行为统计

表 4-2　课堂中提问行为的统计结果

（共统计了 35 次课堂提问行为）

行为类别		频　次	比例(%)
问题类型	常规管理性问题	0	0
	记忆性问题	15	42.9
	推理性问题	13	37.1
	创造性问题	5	14.3
	批判性问题	2	5.7
学生回答类型	无回答	5	14.3
	机械判断是否	2	5.7
	认知记忆性回答	8	22.9
	推理性回答	12	34.2
	创造评价性回答	8	22.9

表 4-2 表明：①教师以提出记忆性问题和推理性问题为主，共占提问问题总数的 80%；②教师提出的创造性问题与批判性问题较少，仅占提问问题总数的 20%；③针对教师的提问，学生以认知记忆性回答及推理性回答为主，与教师的问题类型基本对应。

2. 课堂中的对话方式统计

表 4-3　课堂中对话方式的统计结果

（共统计了 35 次课堂提问行为）

行为类别		频　次	比例(%)
教师挑选回答问题的方式	提问前先点名	0	0
	让学生齐答	17	48.6
	叫举手者答	3	8.6
	叫未举手者答	12	34.2
	鼓励学生提出问题	3	8.6
学生回答的方式	集体齐答	9	25.7
	讨论后汇报	0	0
	个别回答	20	57.2
	自由答	6	17.1
	无人回答	0	0
教师回应的方式	肯定回应	23	65.7
	否定回应	1	2.9
	无回应	7	20
	打断学生回答或自己代答	2	5.7
	鼓励学生提出问题	2	5.7

表 4-3 表明：教师提问后，有近一半的问题选择了让学生齐答，是教师最常用的一种挑选学生回答问题的方式，通常情况下，这部分问题的难度较低，大多数学生通过一定的思考就可以回答出来，也是大多数学生参与课堂互动的主要方式；叫未举手者答的比例位居第二，为 34.2%，这反映出教师很注重课堂中学生的参与性，尤其是一些学困生或者课堂表现不积极的学生；此外，还有一定比例的叫举手者答和鼓励学生提出问题的行

为。可以说，教师在挑选学生回答问题的方式上做得非常好，吸引并调动了绝大多数学生参与课堂学习。

在学生回答的方式中，学生个别回答最多，占整个回答次数的57.1%，这反映出课堂中教师给予了学生比较充分的个别表达观点的机会。通过学生的个别表达，教师更容易了解学生的学习状况，及时发现学习中存在的问题。

在教师回应的方式中，绝大多数情况下能给予肯定回应，但是也出现了较高比例的无回应现象。在学生回答后，如果教师不给予回应，将会给学生的学习带来一定的负面影响，首先是让学生得不到及时的反馈；其次会给学生的情绪带来一些消极影响。希望教师在今后的教学中能尽量减少无回应的现象。

3. 课堂中的问题设计统计

表 4-4　课堂中问题设计的统计结果

问题类型	频　次	比例(%)
是何类问题	7	50
为何类问题	3	21.5
如何类问题	2	14.3
若何类问题	1	7.1
鼓励学生提出问题	1	7.1

表 4-4 表明：①该节课中是何类问题最多；②作为一节阅读理解课，该节课需要进一步增加为何类问题及如何类问题。

四、系统式课堂观察记录

1. 教学模式分析报告

(1)师生活动曲线图

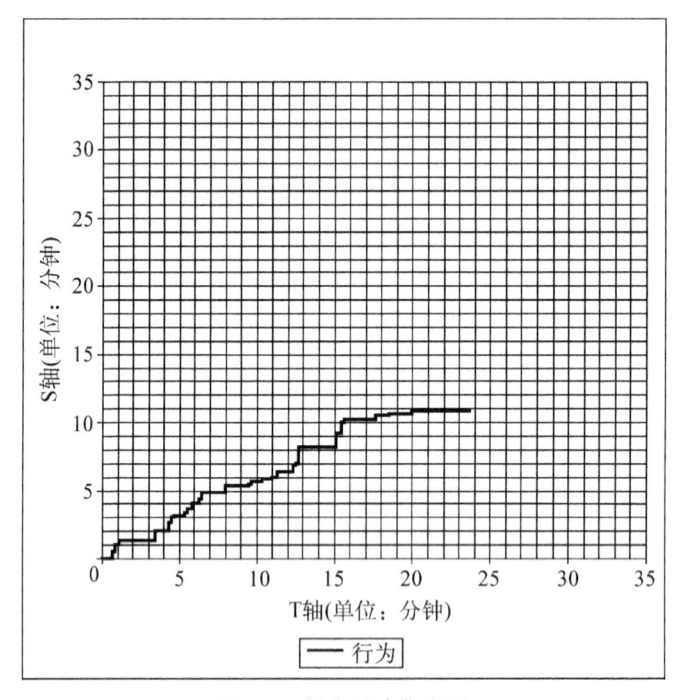

图 4-1 师生活动曲线图

师生活动曲线图表示的是 S(学生)行为、T(教师)行为随时间的变化情况。横轴表示的是 T 行为，纵轴表示的是 S 行为。

图 4-1 表明：①该节课出现了横轴(教师行为)断层，说明课程中存在大段时间的以教师讲授为主的教学行为；②该节课师生交互行为比较多。

(2)教学模式图

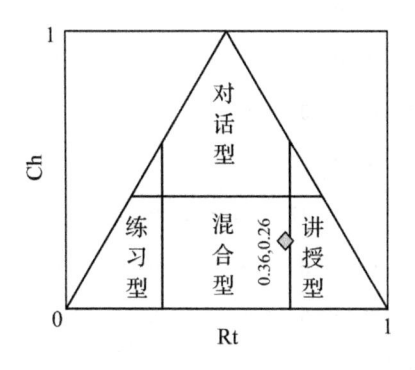

图 4-2　教学模式图

图 4-2 表明：①该节课为混合型教学模式；②该节课的师生行为转换率较低，为 0.26，低于任课教师所在的北京市的师生行为转换率的常模 0.36。

2. 师生互动质量分析报告

(1)课堂互动质量迁移矩阵

图 4-3 表明：①该节课的互动模式为典型的讲授—训练型模式，即整节课的互动过程是由教师提问、学生应答、教师再问、学生再答的典型教学行为组成的；②该节课中教师总是主动发起对话的一方，而学生始终处于被动回答的状态，整节课没有出现"以学生的观点引领和发展课程"的教师行为。

	1	2	3	4	5	6	7	8	9	10	总计
1	0	0	0	4	3	0	0	1	0	0	8
2	0	0	0	0	0	0	0	0	0	1	1
3	0	0	0	0	0	0	0	0	0	0	0
4	0	0	0	89	34	0	0	31	0	9	163
5	3	0	0	47	410	0	0	7	0	4	471
6	0	0	0	0	0	0	0	0	0	0	0
7	0	0	0	0	0	0	0	0	0	0	0
8	5	0	0	19	15	0	0	180	2	1	222
9	0	1	0	0	1	0	0	0	15	0	17
10	0	0	0	4	7	0	0	3	0	10	24
总计	8	1	0	163	471	0	0	222	17	24	906

图 4-3 Flanders 分析矩阵图

(2)课堂结构分析

课堂结构	
教师语言比率	70.97%
学生语言比率	26.38%
课堂沉寂比率	2.65%
教师倾向	
间接影响与直接影响比率	36.52%
积极影响与消极影响比率	正无穷大
其他	
学生主动发起语言/学生语言	7.11%
学生连续语言/学生语言	81.59%
连续内容讲解/教师语言	63.76%

图 4-4 语言比例统计图

图 4-4 表明：①教师主要是通过以讲授为主的教学行为发挥其主导作用的；②课堂沉寂比率偏低，应该适当增加学生的思考时间，适当提高阅读理解课中的课堂沉寂率；③教师的教学态度积极，对学生采用讲授、直接指导等方式，直接影响很强；④师生对话的主动一方为教师，学生很少主动发起对话。

（3）语言比率动态特性曲线

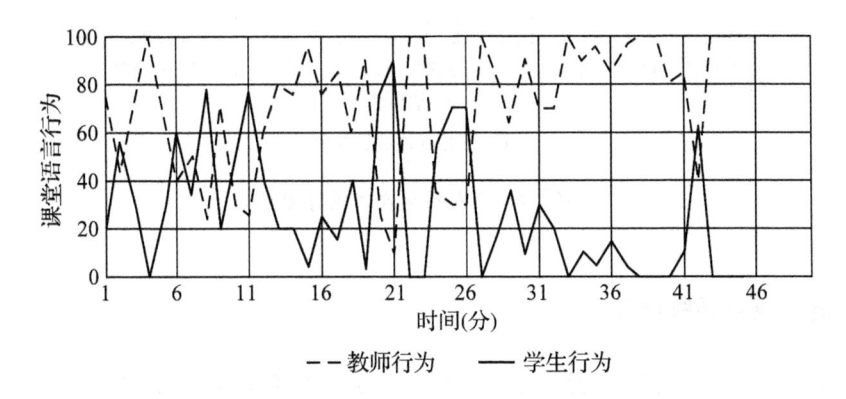

图 4-5　师生语言比率动态特性曲线图

图 4-5 表明：在该节课中教师的主导作用很强，且教师具有比较高的课堂权威。

（4）各类行为次数统计

图 4-6 表明：①教师的讲授行为是频数最高的行为，其次为学生的应答行为和教师的提问行为；②建议教师修改教学设计，适当增加行为 3，即实现"以学生的观点引领和发展课程"的教学设计。

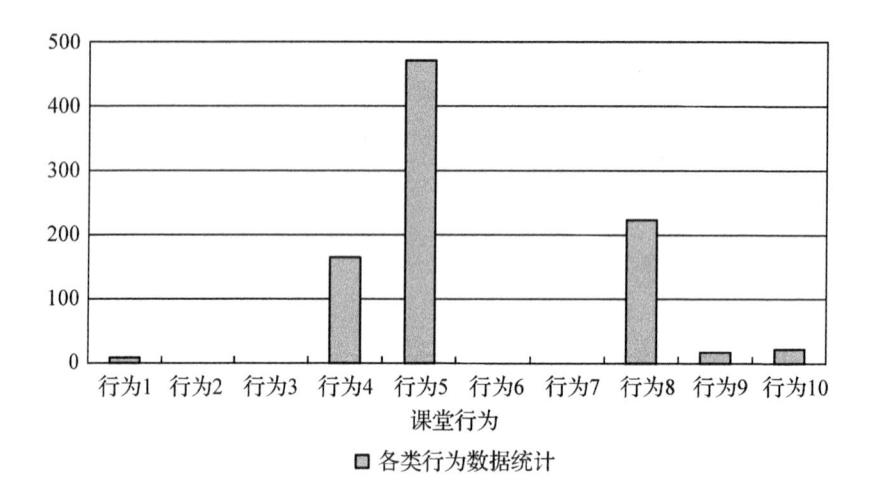

图 4-6　各类行为次数统计图

五、课堂观察结论

①要注意"先行组织者策略"的运用方法和技巧,如引用的《诗经》(《诗经·郑风·子衿》《诗经·尔雅·鹿鸣》)可在早读时先发给学生,并通过预习问题让学生先读"先行组织者"教学资料,建立起有意义的联结倾向与动机,使"先行组织者"教学资料成为新课难点学习的支架;

②优化问题的结构设计,提高课堂中问答法教学的使用效率,改善教学效果;

③注重发展"以学生的观点引领和发展课程"的教学设计能力,如增加小组讨论及讨论后汇报等教学环节。

> **案例赏析**

课堂观察助我成长

面对上述案例展示的两份课堂观察报告，您一定能从中发现案例中的授课教师在教学中的许多可借鉴的教学经验和存在的问题。每份观察报告中都至少记录了二十种课堂教学行为，这样就能够帮助教师全面、深入地了解、反思自己的课堂教学，为今后的专业发展找出切实可行的教学改进之路。

一份课堂观察报告只能为我们定格出某位教师在某节课中的教学状况，如果该教师想获得更快更好的发展，他（她）也许还会思考："我与同校中承担相同教学任务的教师相比，哪些教学行为突出、哪些教学行为相对薄弱呢？在经过一段时间的教学实践后我的哪些教学行为有了明显的改进……"案例4-3和案例4-4为您呈现的是课堂观察方法在同行对比和自我发展对比中的作用，案例4-5为您呈现的是课堂观察用于检验群体教师教学实践行为的改进效果。

案例4-3　课堂观察助我成长——在横向比较中聚焦发展方向

河北省保定市DZ中学的费老师、刘老师和张老师三位高三数学新手教师（教龄分别为四年、四年和二年）在讲授"复习课：基本不等式"时，其所在的校本研修团队对他们三人进行了详细的课堂观察，下面我们一起来看一看这三位教龄接近的教师，在学生状况相似的情况下，讲授同一课型、同一授课内容时所呈现出的教学行为特征。

1. 开放式观察记录(略)

2. 教师提问类型分析

表 4-5　三位授课教师课堂中提出的问题类型频次统计表

问题类型	A(费老师) 频次	A(费老师) 比例(%)	B(刘老师) 频次	B(刘老师) 比例(%)	C(张老师) 频次	C(张老师) 比例(%)
是何类问题	7	50	5	56	6	50
为何类问题	1	7.14	0	0	1	8.33
如何类问题	5	35.72	2	22	2	16.67
若何类问题	1	7.14	2	22	3	25
问题总数	14		9		12	

数据分析：

- 共同点：三节课中的是何类问题比例相当，都在半数左右；为何类问题过少；如何类和若何类问题比例之和相当，分别为 42.86%，44%，41.67%。
- 不同点：A 课的问题数量最多，B 课的问题数量最少；A 课的如何类问题相对较多，C 课的若何类问题相对较多。

改进建议：

- 共同建议：适当降低是何类问题的比例，增加为何类问题的比例。由于本节课是复习课课型，因此在复习课中需要学生在掌握概念与原理的基础上，建立起知识之间的联系，并探求规律、原理背后的原因，深化学生对原理的理解，培养学生的数学分析能力。

- 个别建议：A 教师应适当增加若何类问题，提高问题的质量，并注重拓展学生思维的深度和广度，可以通过变式练习等方式提高学生对问题的生成与迁移能力；B 教师可适当增加问题的数量，通过问题持续调动学生的积极性和参与性。C 教师可在减少是何类问题的基础上，增加为何类问题的设计与对话。

3. 课堂对话方式分析

表 4-6　三位授课教师课堂对话方式频次统计表

类别	具体行为	A(费老师) 频次	A(费老师) 比例(%)	B(刘老师) 频次	B(刘老师) 比例(%)	C(张老师) 频次	C(张老师) 比例(%)
教师挑选回答问题的方式	提问前先点名	0	0	0	0	0	0
	让学生齐答或自由答	2	10	5	20	12	48
	叫举手者答	3	15	9	36	2	8
	叫未举手者答	15	75	10	40	11	44
	鼓励学生提出问题	0	0	1	4	0	0
学生回答的方式	集体齐答	1	5.9	1	5.3	7	33.3
	讨论后汇报	0	0	0	0	1	4.8
	个别回答	15	88.2	12	63.2	11	52.4
	自由答	1	5.9	6	31.5	2	9.5
	无人回答	0	0	0	0	0	0

续表

类　别	具体行为	A(费老师) 频次	A(费老师) 比例(%)	B(刘老师) 频次	B(刘老师) 比例(%)	C(张老师) 频次	C(张老师) 比例(%)
教师回应的方式	肯定回应	8	17	11	28.2	6	23.1
	否定回应	0	0	2	5.1	4	15.4
	无回应	0	0	0	0	0	0
	打断回答或教师代答	8	17	6	15.4	4	15.4
	重复学生回答并解释	31	66	20	51.3	12	46.1

数据分析：

• 共同点：①在教师挑选回答问题的方式上，较多地采用了提问后挑选个别学生回答的方式，尤其是比较多地采用了叫未举手者答的方式，反映出三位教师能够比较好地关注到不同层次的学生，但是几乎没有鼓励学生提出问题；②在学生回答的方式上，同样以个别学生回答为主，几乎没有用到讨论后汇报的方式；③在教师回应的方式上，给予的肯定回应比例不高，出现了比较严重的打断学生回答或自己代答、重复学生回答并解释的现象。

• 不同点：①在教师挑选回答问题的方式上，A教师和B教师以提问后挑选个别学生回答为主，而C教师以叫未举手者答和让学生齐答或自由答为主，B教师的课堂上出现了一次鼓励学生提出问题的情况；②在学生回答的方式上，A教师和B教师很少出现让学生集体齐答的现象，C教师的课堂中出现了一次讨论后汇报的情况；③在教师回应的方式上，B教师给予的肯定回应最多，而B教师和C教师都出现了一定的否定回应。

改进建议：

• 共同建议：①教师除了向学生提出问题外，还应该积极鼓励学生提出问题；②在学生回答的方式上，希望能增加一定数量的讨论后汇报的比例，这就需要教师提高问题的设计质量，并在课堂上给予一定的讨论时间，将小组合作学习落到实处；③在教师回应的方式上，应该尽量减少打断学生回答或自己代答的比例，对于学生的回答要给予充足的时间，同时要减少重复学生回答并解释的比例，这对于培养和提高学生的概括、归纳、语言表达能力等都会有所帮助。

• 个别建议：A教师应在适当增加问题难度的基础上，加强小组讨论后汇报的课堂对话方式，并改进教师的回应方式，可适当引入生生评价。B教师可以通过增加对话深度来改善教师回应方式中的重复学生回答并解释的行为。C教师应避免总是叫几个固定学生回答问题的教学行为，建议根据问题的难度叫学业成绩不同的学生回答问题，增加学生的课堂参与度。

4. 对 S-T 分析结果的分析

表 4-7　三节课的 S-T 分析结果

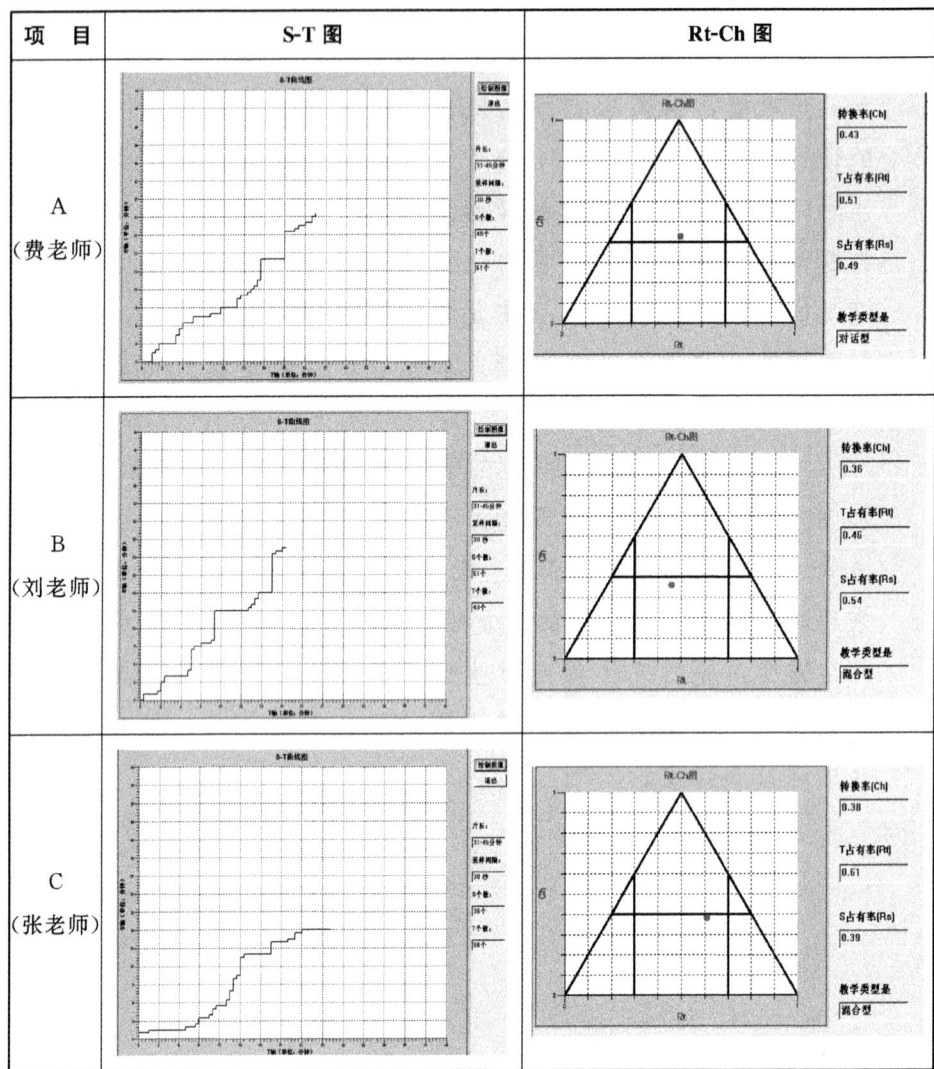

项　目	S-T 图	Rt-Ch 图
A (费老师)		转换率[Ch] 0.43 T占有率[Rt] 0.51 S占有率[Rs] 0.49 教学类型是 对话型
B (刘老师)		转换率[Ch] 0.36 T占有率[Rt] 0.46 S占有率[Rs] 0.54 教学类型是 混合型
C (张老师)		转换率[Ch] 0.38 T占有率[Rt] 0.61 S占有率[Rs] 0.39 教学类型是 混合型

数据分析：

- 共同点：师生活动比例相当，基本都落在了混合型和对话型模式区域内，与预设的混合型模式基本相符；师生互动程度较高，师生行为转换率都在 0.4 左右。
- 不同点：A 教师和 B 教师出现了 1～2 次纵向断层，这是学生练习和思考的时间；C 教师出现了两次明显的横向断层，这是教师讲解的时间，可见 C 教师行为占有率较 A 教师和 B 教师略高。

改进建议：

- 个别建议：A 教师和 B 教师应在学生练习或思考时增加必要的教学干预行为。C 教师应适当增加师生互动的课堂活动及课堂对话。

案例 4-4　课堂观察助我成长——在纵向比较中验证改进效果

河南省洛阳市 DSJ 中学的邢老师是一位有着 13 年教龄的高三数学教师，他与其所在学校的十余名数学教师一起参加了"一体化项目"。该项目的远程校本研修分为四个阶段，分别是具体经验获取阶段、反思性观察阶段、抽象概括阶段和积极实践阶段。邢老师在具体经验获取阶段，作为被观察教师上了一节名为"正弦定理和余弦定理"的复习课，他所在的校本研修团队的其他成员对其进行了课堂观察；在两个月后的积极实践阶段，邢老师再次上了一节名为"直线与平面平行的判定"的同类型课（即复习课），团队成员也做了相应的课堂观察。通过两次课堂观察数据的对比分析、判断，能发现邢老师在参加了远程校本研修项目后,其教学行为确实发生了变化,同时也发现邢老师的课堂还存在的教学问题。下面我们一起来看一看邢老师在不同阶段的教学行为数据。

1. 开放式观察记录(略)

2. 教师提问类型分析

表 4-8　邢老师两节课中提出的问题类型频次统计表

问题类型	具体经验获取阶段 频次	具体经验获取阶段 比例(%)	积极实践阶段 频次	积极实践阶段 比例(%)
是何类问题	10	47.6	9	41
为何类问题	6	28.5	5	22.7
如何类问题	3	14.3	5	22.7
若何类问题	2	9.6	3	13.6
问题总数	21		22	

数据分析与建议:

- 从表 4-8 中可以看出,在两节课中,教师提问的问题总数比较稳定,其中,是何类和为何类问题略有减少,如何类和若何类问题略有增加。由于复习课应以为何类及若何类问题居多比较合适,因此这两节课基本符合复习课的课型特点。与具体经验获取阶段相比,积极实践阶段的"问题设计"略有改进,若何类问题还有进一步提升的空间。

3. 课堂对话方式分析

表 4-9 邢老师两节课中对话方式的频次统计表

类 别	具体行为	具体经验获取阶段 频次	具体经验获取阶段 比例(%)	积极实践阶段 频次	积极实践阶段 比例(%)
教师挑选回答问题的方式	提问前先点名	0	0	2	9.1
	让学生齐答或自由答	20	76.9	8	36.3
	叫举手者答	0	0	4	18.2
	叫未举手者答	1	3.8	6	27.3
	鼓励学生提出问题	5	19.3	2	9.1
学生回答的方式	集体齐答	21	47.7	7	31.8
	讨论后汇报	1	2.3	3	13.6
	个别回答	11	25	9	41
	自由答	10	22.7	3	13.6
	无人回答	1	2.3	0	0
教师回应的方式	肯定回应	21	52.5	15	68.2
	否定回应	0	0	0	0
	无回应	7	17.5	2	9.1
	打断回答或教师代答	1	2.5	2	9.1
	重复学生回答并解释	11	27.5	3	13.6

数据分析与建议：

- 教师挑选回答问题的方式：教师挑选回答问题的方式更加多样，而不是仅仅局限于让学生齐答或自由答。叫举手者和未举手者答的比例明显增加，说明教师能够关注到学生的个别学习情况，从而把握学生的真实学习情况。但鼓励学生提出问题的比例有所降低，建议保持原来的鼓励学生提问的比例。

• 学生回答的方式：集体齐答的比例下降，而个别回答的比例有所上升，结合教师叫举手者和未举手者答的次数来看，教师对学困生给予了较多的关注，这在复习课中是值得肯定的。

• 教师回应的方式：无回应以及重复学生回答并解释的比例明显减少，说明教师的回应方式和策略有所改进，更加注重对学生的肯定和鼓励，此外，教师的"评价设计"也有所改进。但是仍然存在一定的无回应和打断学生回答或自己代答的现象。

4. 对 S-T 分析结果的分析

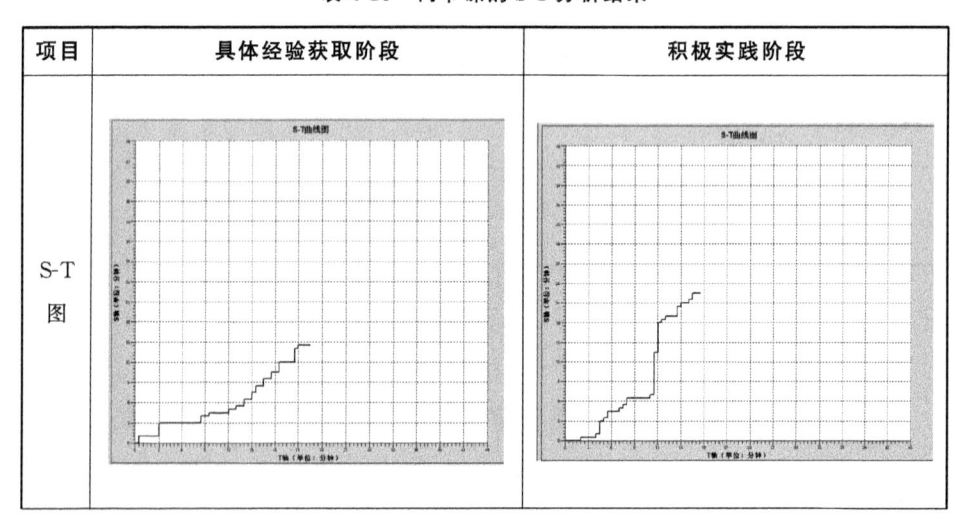

表 4-10　两节课的 S-T 分析结果

项目	具体经验获取阶段	积极实践阶段
S-T 图		

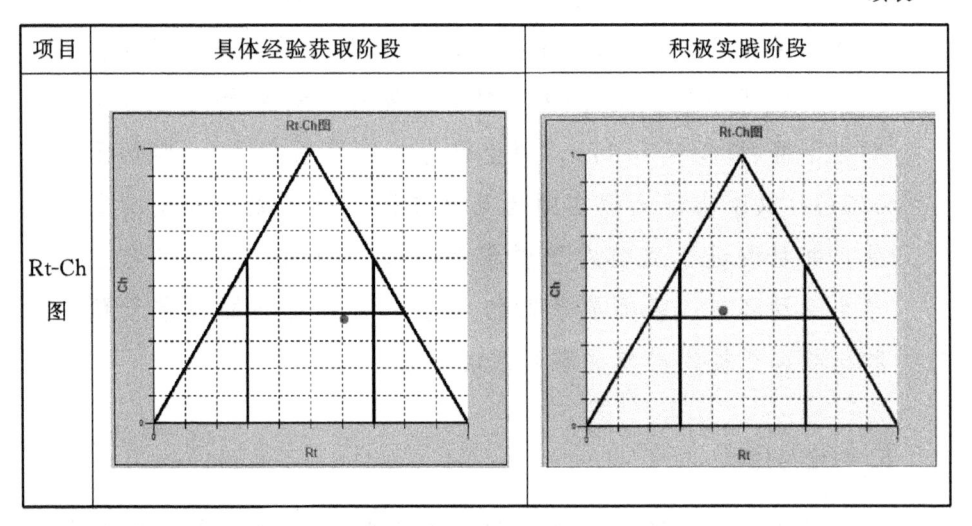

续表

项目	具体经验获取阶段	积极实践阶段
Rt-Ch 图		

数据分析与建议：

• S-T 图：在具体经验获取阶段，S-T 曲线拟合角度小于 45°，说明该课中的教师行为偏多；图中横向有明显的断层，说明该课前半段教师讲授过于密集。在积极实践阶段，S-T 曲线拟合角度约为 45°，说明该课中的师生行为比例相当；图中纵向有两处明显的断层，说明该课中学生进行活动时教师没有给予适当的教学干预。对比两个阶段的 S-T 图不难发现，邢老师在教师主导和课堂掌控方面的改进效果明显，但是在学生活动环节，教师没有给予及时的教学干预和个别化指导。

• Rt-Ch 图：具体经验获取阶段的教学模式为混合型教学模式，Rt 值（教师行为占有率）为 0.61，说明课堂中的教师行为所占比例较大，Ch 值（师生行为转换率）为 0.38，说明师生交互情况较为适当；积极实践阶段的教学模式为对话型教学模式，Rt 值为 0.44，说明课堂中体现出以学生为主体的特点较为鲜明，Ch 值为 0.42，说明师生交互情况较好。对比两个阶段的 Rt-Ch 图不难发现，教师行为占有率明显下降（降低了 0.17），师生行为转换率稍有提升（增加了 0.04），反映出邢老师在师生互动方面发扬了之前的成功之处，并且改进了之前对课堂掌控过多的局面；但应注意在学生活动环节，教师要及时给予学生有针对性的教学干预和指导，或提供必要的学习活动支架。

5. 结论与建议

经过两个多月的远程校本研修，邢老师的教学实践行为发生了以下积极改变：

- 在师生互动方面，改善了之前教师对课堂掌控过多的局面，学生行为所占比例有所增加，师生互动也略有增加；
- 教师挑选回答问题的方式更加多样，能够关注到学生的个别学习情况，把握学生的真实学习情况，对学困生给予了较多关注；
- 教师的回应方式和策略有所改进，注重了对学生的肯定和鼓励，教师的"评价设计"有所改进；
- 教师能够进行适当的追问，提升师生对话的深度。

通过比较两个阶段的课堂观察数据，研修团队发现邢老师今后还需在以下方面继续努力：

- 在学生活动过程中，教师要通过学习支架设计等方法与技术给予学生适当的教学干预和支持；

- 进一步提升若何类问题的比例，培养学生的应用与迁移能力；
- 继续保持具体经验获取阶段的鼓励学生提出问题的比例；
- 在教师回应的方式上，要注意及时反馈，降低无回应和打断学生回答或自己代答的现象。

案例 4-5　课堂观察助我成长——群体教师教学实践行为改进

"一体化项目"的远程校本研修包括四个核心阶段：具体经验获取阶段、反思性观察阶段、抽象概括阶段和积极实践阶段。其中在具体经验获取阶段和反思性观察阶段中，每所学校分别选派一名研修教师授课，两个阶段所授课的课型须相同，在积极实践阶段再由具体经验获取阶段授课的教师再次授课。该项目聚焦教师的课堂有效教学行为，以改进教师的教学实践行为为主要目标，因此项目绩效评估的进行将以项目研修教师的教学实践行为是否得以改进为重点。

在项目实施的三个月中，我们针对每个校本研修团队共监测了 272 节概念课、复习课、技能课和活动课四种常态数学课中的共 21 种课堂教学行为，绩效评估显示，本项目使参加研修的教师的课堂教学行为改进度达到 42.2%。按照课堂对话行为、课堂问题类型设置行为和课堂教学模式三个维度对课堂教学的语言进行的记号体系分析，得出远程校本研修项目在教学实践行为改进方面的具体结果如下。

一、课堂中的对话行为发生显著改变，互动深度明显加深

经曼—惠特尼 U 方法进行两份独立样本(2 independent samples)

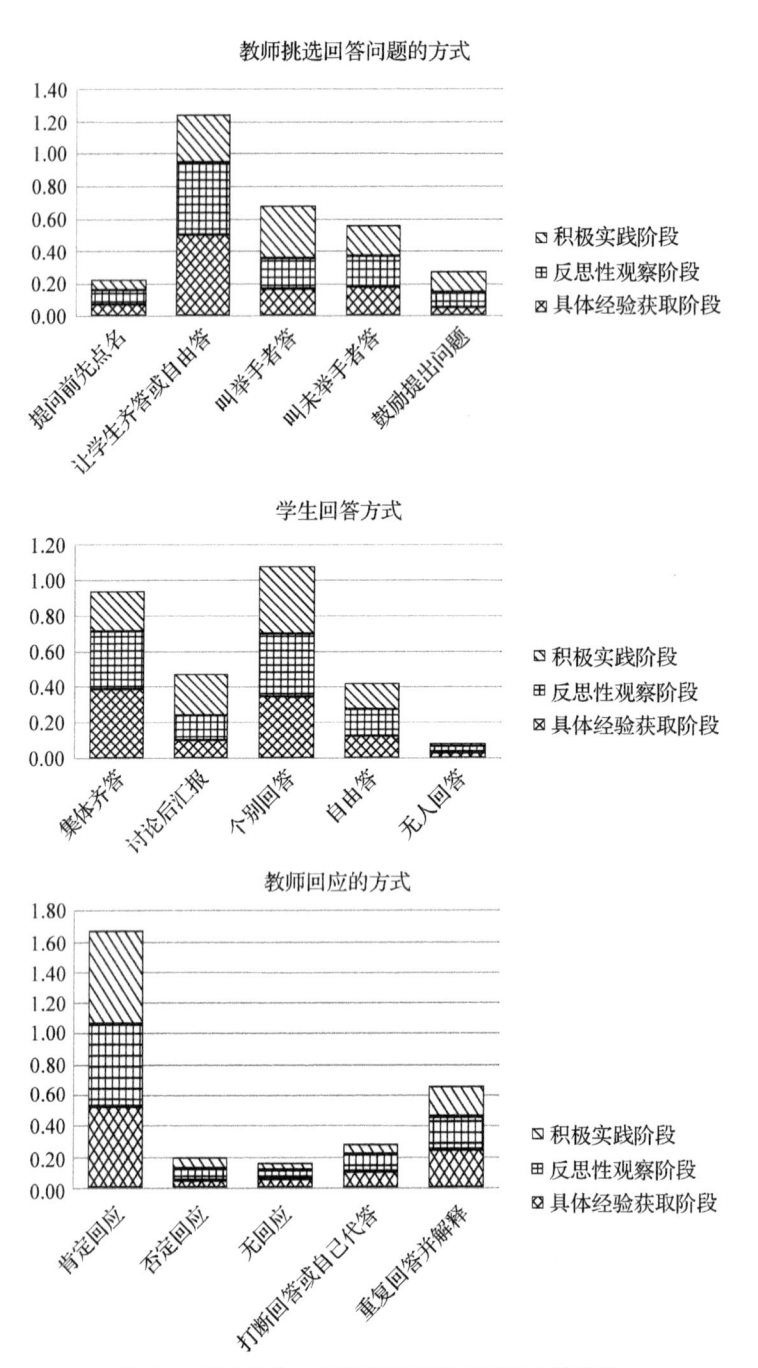

图 4-7 四个省校本研修团队课堂对话行为的改进

非参数差异检验后发现：在95%的置信度下，教师鼓励学生提出问题、要求学生讨论后汇报、给予学生肯定回应等突出以学生为主体的课堂对话行为，在具体经验获取阶段与积极实践阶段均呈现出显著差异。

图4-7为河北、河南、辽宁和安徽四省在校本研修三个阶段中的课堂对话方式的改变趋势。图4-7表明，课堂互动深度随研修时间的增加而显著增加，出现了更多的鼓励学生自己提出问题和叫举手者发言的教师挑选回答问题的行为，更多的讨论后汇报和个别回答的学生回答行为，以及更多的肯定回答和给出解释的教师回应行为。

二、课堂的问题类型设置发生显著改变，创造性与批判性问题类型显著提升

经曼—惠特尼U方法进行两份独立样本非参数差异检验后发现：在95%的置信度下，是何类、为何类、如何类和若何类四种课堂问题类型设置行为，在具体经验获取阶段与积极实践阶段均呈现出显著差异。

图4-8显示出四个省的校本研修团队在积极实践阶段与具体经验

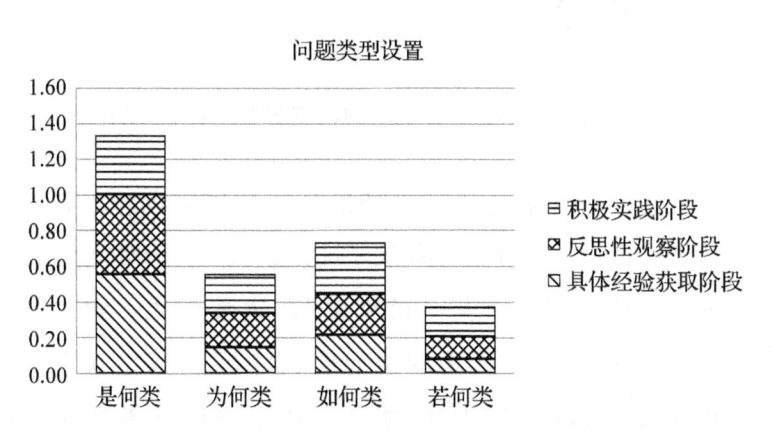

图4-8　四个省校本研修团队课堂问题类型设置行为的改进

获取阶段的问题类型设置有了显著变化，其中创造性问题与批判性问题类型显著增长，其中，为何类问题增加了 1.47 倍，如何类问题增加了 1.31 倍，若何类问题增加了 2.13 倍。

三、课堂教学的教学模式发生显著改变

本研究采用 Rt-Ch 模型描述教学模式（王陆等，2008），经曼—惠特尼 U 方法进行两份独立样本非参数差异检验后发现：在 95% 的置信度下，教师行为占有率 Rt 值在具体经验获取阶段与积极实践阶段均呈现出显著差异，而师生行为转化率 Ch 值没有出现显著差异。

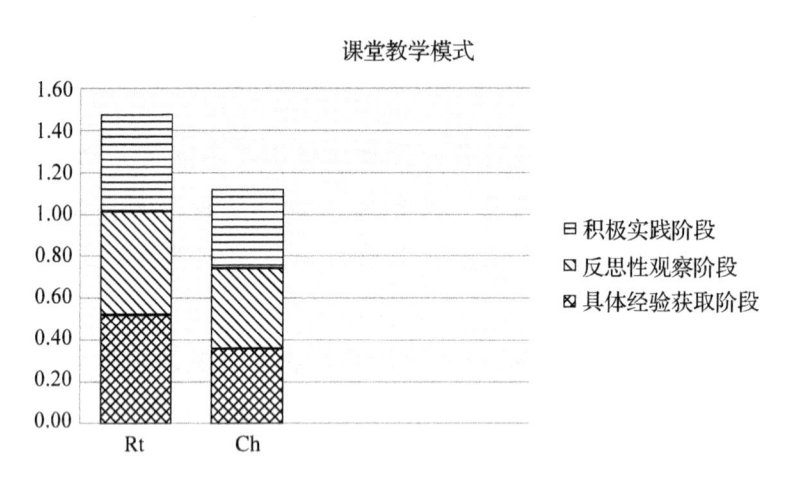

图 4-9 四个省的校本研修团队教学模式行为数据的变化

图 4-9 表明，四个省的校本研修团队在积极实践阶段与具体经验获取阶段的 Rt 值有明显下降（降低了 11.54%），说明教师行为占有率明显降低，课堂已经从教师"满堂灌"的讲授模式，初步转变为能够以学生为主体开展多种课堂活动的类型丰富的教学模式，教师已经重视并初步尝试把课堂"还给"学生。四个省的校本研修团队在积极实践阶段与具体经验获取阶段的 Ch 值无显著差异（提高了 2.8%），

说明教师在师生互动的设计、实施、监控与评价方面还有待获得进一步的专业发展。

◆▶ 评估调研

技术支持下的高中数学课堂教学行为研究

本部分内容以河北、河南、辽宁、安徽四省参加"一体化项目"教师的128节高中数学课例为研究对象,以探寻课堂教学行为的特征为研究问题,运用S-T分析方法、问题类型分析方法和课堂对话方式等结构式观察与聚焦式观察方法,对高中数学课堂的多种教学行为数据进行综合分析。研究发现:课堂行为结构出现了显著的对话特征,课堂对话行为出现了高频率与浅层次的特征,尚未出现显著的、以学生的观点引领和发展课程的教学行为特征。基于这些教学行为特征,建议高中教师以课堂对话问题类型设置及对话发起者的改变为切入点,改进课堂教学行为,促进教师的专业发展。

·问题的提出·

教学行为问题自古就以经验的形式存在于教学研究之中。早期的研究往往混杂于诸如教学方法、教学手段、教学组织形式、教学模式等问题的研究中,并未作为一个独立的问题而受到重视。直到20世纪中期,教学行为的研究才从以上问题的研究中分离出来,并与教学效能相联系,标志着教学行为研究成为一个专门的研究领域(张建琼,2004)。随着我国基础教育改革的推进,研究者逐渐将视线聚焦在课堂中,课堂教学行为渐渐成为我国研究者和实践者共同关注的问题(魏宏聚,2009)。

教学行为是一个复杂的、动态的行为系统。课堂教学行为是课堂教学活动的实体部分，它影响并决定着教学质量（蔡宝来等，2008），具有情境性、整体性、传播性、文化性、发展性、社会性等特点（王姣姣，2009）。教学行为研究是通过教学情境中师生教学行为的表现和特征，探索教学行为的发生、发展规律，以增强师生在教学中的行为自觉，加强教学行为的控制性，提高教学行为的效率（张建琼，2004），从而促进教师专业发展和教学实践行为的改进，并最终促进学生学业成绩的提高与全面发展（王陆，2012）。

王陆教授指出，课堂教学行为分析作为一种绩效评估方法，能够更多地关注课堂情境下的教师课堂教学实践，并且能够在关注与研究教师课堂教学行为的同时，支持研究者与被研究者共同反思教师的课堂教学行为，促进研究者与被研究者的深度对话（王陆，2012）。近年来，我国很多教育研究者与实践者纷纷开始采用课堂教学行为分析方法对课堂中的教学行为进行定量的多角度分析与研究，开展深入的课堂观察与反思，从而有效地促进教师的专业发展。但由于教学行为研究是一项十分繁难的工作，如果没有专门用于支持课堂教学行为的分析工具，则很难展开针对某一学科的、大样本的课堂教学行为研究，从而为该学科教师提供可借鉴的实例与参考数据。陈瑶（2011）指出，研究者在推介课堂观察方法、协助教师专业成长的同时，还应对数据资料进行深入分析，在大样本的汇总和相关性研究的基础上，得出有效课堂行为的相对标准供教师参考。林静等（2009）也指出，我国目前亟须开展以促进教师专业发展为宗旨的学科课堂教学行为研究，因而需要发动教师通过有专业指导的校本教研、区域教研，在行动研究中提升自身的专业水平和能力。

2011年，首都师范大学王陆教授的团队承接了"一体化项目"中的远程校本研修项目，该项目针对目前校本研修中缺乏专家引领、研修资源相对匮乏、研修内容脱离校本实际、难以培育校本研修团队，以及缺乏有效的评价与管理机制等实际问题，率先提出了集中培训与远程校本研修一体化试点项目方案，并成功带领近千名教师开展了为期三个月的远程校本研修，取得了非常好的效果。该项目以校本研修团队为主体，聚焦教师的课堂有效教学行为，以发展教师实践取向的知识及改进教学实践行为为主要目标，帮助教师系统地掌握课堂观察方法与技术等内容，使教师能够紧密结合课堂实践开展科学有效的校本研修，提升自身的专业水平与能力。

·研究方法·

1. 研究问题

本研究将聚焦高中数学课堂中教学行为的特征及教学行为之间的相互关系，为教师专业发展提供可借鉴的实例与参考数据。

2. 研究对象

本研究的数据来源于"一体化项目"，共有来自河北省、河南省、辽宁省和安徽省的 82 所高级中学的近千名数学教师参加，并进行了为期三个月的远程校本研修。在远程校本研修的初始阶段，每所学校组建起一支校本研修团队，选择两名教师进行常态课的授课，而团队中的其他教师以小组为单位进行现场课堂观察与记录。项目组共回收有完整课堂观察数据的课例 128 节，它们分别来自 69 所学校，详见表 4-11。本研究即以这 128 节课例作为样本进行分析。

数学课通常可以分为概念课、技能课、活动课和复习课等课型，在这 128 节课例中，有 56 节概念课、35 节复习课、26 节技能课和 11 节活动课，这些课例的年级分布和授课教师类型分布详见表 4-12。

表 4-11 课例的来源分布

省　份	学校数量(所)	课例数量(节)
河北省	27	56
河南省	22	39
辽宁省	8	13
安徽省	12	20
总　计	69	128

表 4-12 课例的年级分布和授课教师类型分布

年　级	课例数量(节)	比　例(%)	授课教师类型	课例数量(节)	比　例(%)
高中一年级	43	33.59	新手教师（教龄5年以下）	25	19.53
高中二年级	51	39.84	胜任型教师（教龄5～10年）	57	44.53
高中三年级	34	26.56	成熟型教师（教龄10年以上）	46	35.94

3. 研究方法

为了深入分析高中数学课堂中的教学行为，本研究采用了结构式课堂观察方法——S-T分析方法、聚焦式课堂观察方法——问题类型分析方法和课堂对话方式分析方法三种课堂教学行为分析方法，获取课堂教学行为数据。

4. 研究工具

本研究使用了S-T分析软件、问题类型观察量表、课堂对话方式观察量表进行课堂观察,对于获得的课堂教学行为数据使用 SPSS13.0 统计软件进行统计分析。

·数据分析与讨论·

一、教学模式分析

1. Rt 值和 Ch 值

Rt 和 Ch 是运用 S-T 分析方法计算出的两个重要指标。其中,Rt 是教师行为占有率,即教学过程中教师行为所占有的比例,Rt 越大,表明教师行为所占的比例越多;Ch 是师生行为转换率,即教学过程中教师行为和学生行为间的相互转换次数与总的行为采样数之比,Ch 越大,表明教师行为和学生行为间的转换越频繁。Rt 和 Ch 的取值范围都在 0~1 之间。表 4-13 是 128 节课例的 Rt 和 Ch 值统计结果。

表 4-13 128 节课例的 Rt 值和 Ch 值统计结果

	课例数量(节)	最小值	最大值	平均值	标准差
教师行为占有率 Rt	128	0.26	0.85	0.5095	0.11549
师生行为转换率 Ch	128	0.11	0.60	0.3613	0.09720

表 4-13 显示出,Rt 的平均值约为 0.51,Ch 的平均值约为 0.36,这表明在高中数学课堂中,教师和学生的行为比例基本相当,课堂中的师生行为转换也比较频繁,反映出教师在课堂中注重不断变换行为主体,增强课堂中的师生互动。

2. 教学模式分布

S-T 分析方法基于 Rt-Ch 图将教学划分为四种不同的教学模式,划分标准：当 Rt≤0.3 时，为练习型教学模式；当 Rt≥0.7 时，为讲授型教学模式；当 Ch≥0.4 时，为对话型教学模式；当 0.3＜Rt＜0.7 且 Ch＜0.4 时，为混合型教学模式（傅德荣和章慧敏，2001）。

对 128 节课例的分析结果显示，55.47% 的课例为混合型教学模式，33.59% 的课例为对话型教学模式，讲授型和练习型教学模式的比例很小，教学模式的具体分布参见图 4-10。从中可以看到，在高中数学课堂中，无论是数学概念的讲授、数学技能的培养，还是数学综合能力的开发，抑或是对已经学过的内容的梳理与重构，教师都能充分调动学生学习的积极性，使学生在课堂中拥有很高的参与度，很好地实施了以学生为中心的教学理念。

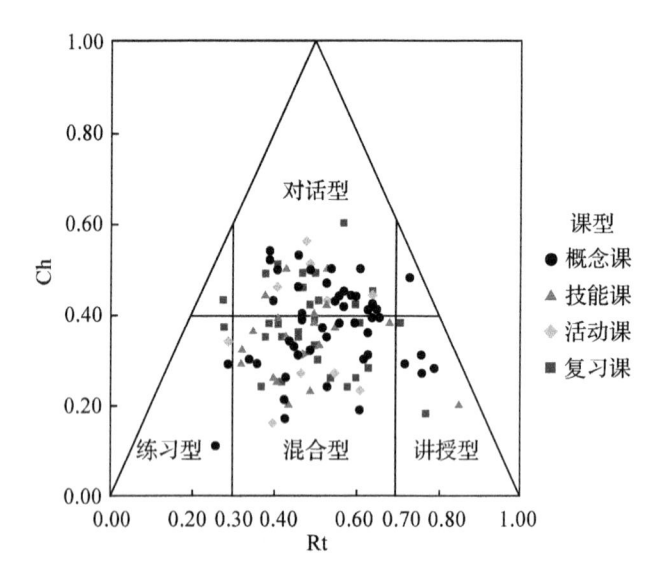

图 4-10　教学模式散点分布图

3. 教师类型与 Ch 值的关系

Rt 值、Ch 值与课例的年级、课型和授课教师类型的相关分析结果如表 4-14 所示。从表 4-14 中可以看到，师生行为转换率 Ch 与授课教师类型的相关系数为 r＝－0.179，经双侧检验，这两个变量的显著性水平值为 0.043，小于 0.05，可见师生行为转换率与授课教师类型在 0.05 水平上呈显著负相关。按照教师类型分组计算出的师生行为转换率的平均值与标准差如表 4-15 所示，新手教师的平均师生行为转换率超过了对话型教学模式的界限(0.4)，显著高于胜任型教师和成熟型教师。这表明，在高中数学课堂中，新手教师的课堂互动性更好一些。

表 4-14　Rt，Ch 与教师类型等的相关系数

			课　型	年　级	教师类型
Spearman	教师行为占有率 Rt	Correlation Coefficient Sig. (2-tailed) N	－0.137 0.124 128	0.035 0.692 128	－0.027 0.765 128
	师生行为转换率 Ch	Correlation Coefficient Sig. (2-tailed) N	－0.035 0.699 128	－0.153 0.085 128	－0.179* 0.043 128

＊ Correlation is significant at the 0.05 level (2-tailed).（相关系数在 0.05 置信水平上显著。）

表 4-15　不同教师类型的 Ch 统计结果

教师类型	课例数量(节)	Ch 平均值	Ch 标准差
新手教师	25	0.4104	0.07976
胜任型教师	57	0.3486	0.09187
成熟型教师	46	0.3504	0.10537
总　　数	128	0.3613	0.09720

二、问题类型分析

课堂提问是教学中最重要的部分之一,也是课堂互动最常用的形式之一,因此,课堂研究者都很关注这一问题。关于提问的实证研究主要集中在提问的数量、分类、教师的回答方式和教师的反应四大方面(陈羚,2006)。本研究采用"四何"问题的分类方式对问题类型进行研究。

首先,在问题数量方面,如表 4-16 所示,128 节课例的平均问题数为 28.45,也就是说,课堂中平均每 95 秒教师会向学生提出一个问题。但是课例之间的差异比较大(标准差为 15.686),最少的只有 8 个问题,最多的竟高达 109 个问题,反映出教师对问题在数学教学中的作用的认识差异很大。

表 4-16 问题数量及类型的统计结果

	最小值	最大值	平均值	标准差
问题数量	8	109	28.45	15.686
是何类问题比例	0	0.85	0.5066	0.16712
为何类问题比例	0	0.46	0.1703	0.09339
如何类问题比例	0.04	0.75	0.2224	0.11335
若何类问题比例	0	0.43	0.1015	0.08705

其次,在问题类型方面,总体来看,"是何类问题"占全部问题的 50.66%,然后是"如何类问题",而"若何类问题"的比例最低,仅为 10.15%。从表 4-17 中可以看出,"是何类问题"比例与年级在 0.01 水平上呈显著负相关,与师生行为转换率在 0.01 水平上呈显著正相关,与教师类型在 0.05 水平上呈显著负相关。这表明:①年级越高,"是何类问题"的比例越低。这很容易理解,随着学生认知水平的提高,教师提出的问题中"是何类问题"会越来越少。②在"是何类问题"比例较高的课堂中,师生行为转

表 4-17　问题数量及各类问题比例与教师类型等的相关关系

			课　型	年　级	教师类型	教师行为 占有率 Rt	师生行为 转换率 Ch
Spearman	问题数量	Correlation Coefficient Sig. (2-tailed) N	−0.153 0.085 128	−0.134 0.133 128	0.031 0.725 128	0.042 0.642 128	0.065 0.464 128
	是何类 问题比例	Correlation Coefficient Sig. (2-tailed) N	−0.111 0.212 128	−0.262** 0.003 128	−0.204* 0.021 128	0.078 0.381 128	0.262** 0.003 128
	为何类 问题比例	Correlation Coefficient Sig. (2-tailed) N	−0.029 0.749 128	−0.008 0.924 128	0.167 0.059 128	0.022 0.808 128	−0.003 0.973 128
	如何类 问题比例	Correlation Coefficient Sig. (2-tailed) N	0.023 0.795 128	0.147 0.099 128	0.027 0.762 128	−0.087 0.327 128	−0.221* 0.012 128
	若何类 问题比例	Correlation Coefficient Sig. (2-tailed) N	0.158 0.074 128	0.259** 0.003 128	0.153 0.084 128	−0.017 0.853 128	−0.174* 0.050 128

* Correlation is significant at the 0.05 level (2-tailed).（相关系数在 0.05 置信水平上显著。）

** Correlation is significant at the 0.01 level (2-tailed).（相关系数在 0.01 置信水平上显著。）

换率也较高。由于"是何类问题"一般只涉及识记等低阶认知目标,所以课堂沉寂率往往很低,学生并未在课堂上充分思考。③越是新手教师,提出的"是何类问题"的比例越高。结合前面的分析不难发现,尽管新手教师的课堂在表面上师生互动水平高出胜任型教师和成熟型教师,但是新手教师提出的"是何类问题"的比例也相对较多,其互动质量并不高,这需要引起教师培训者的高度重视,在未来的培训与专业学习中,应努力提升新手教师的设问能力与水平。"如何类问题"和"若何类问题"的比例与师生行为转换率在0.05水平上呈显著负相关,这表明"如何类问题"和"若何类问题"的比例较高的课堂,其师生行为转换率较低,这与这两种类型问题的难度较高、往往需要较长时间的思考才能回答、课堂沉寂率较高有关。此外,"若何类问题"比例与年级在0.01水平上呈显著正相关,表明高年级的教师在教学中会给予学生更多的"若何类问题",以培养、锻炼学生的迁移、创造、批判等能力,符合学生的认知发展规律。

三、对话方式分析

教师在课堂中提出问题后,会选择哪种方式让学生回答,学生是如何回答的,对于学生的回答教师给予了怎样的回应,这一系列的行为方式就构成了课堂中的师生对话方式。图4-11、图4-12、图4-13分别呈现了这三种行为的分布状况。从图中可以看出,在教师挑选回答问题的方式中,让学生齐答或自由答的比例几乎占到一半;鼓励学生提出问题的行为只占7.38%,反映出教师控制课堂的程度比较高。在学生回答的方式中,讨论后汇报的比例为11.96%,对于高中生来说,课堂中应该适当增加一些讨论环节,让学生通过讨论实现同侪互助、小组合作。在教师回应的方式中,重复学生回答并解释的比例为23.82%,经过与教师的访谈了解到,这是由于教师们担心学生没有重视其他学生的回答内容,所以经常会在学生回答后进行重复或进一步的解释,但是由于高中教学内容繁重,而且高中生已经具备一定的倾听能力,所以教师可以通过增加对话深度或只选择课堂中最为关键的内容进行重复并解释,否则会造成课堂中信息冗余,影响课堂效率。在这些课例中,还出现了11.09%的打断回答或教师代答的现象,尽管比例不高,但教师还是应该注意尽可能减少这类行为,给学生充分表达自己的机会和自由。

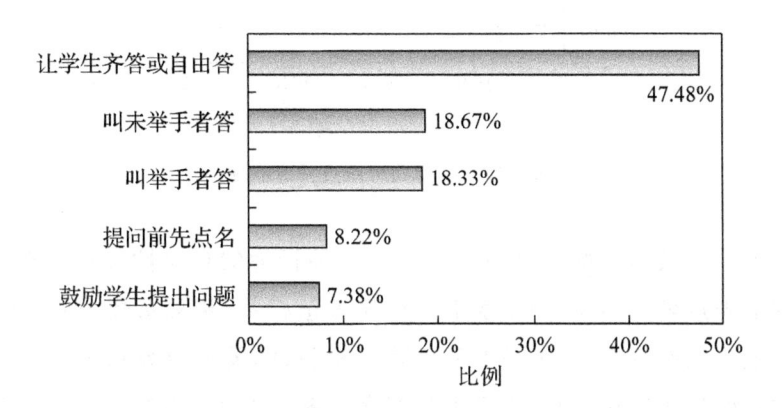

图 4-11 教师挑选回答问题的方式分布图

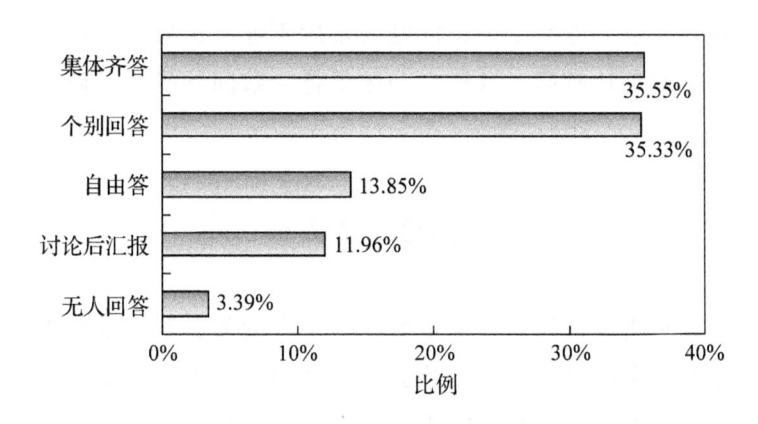

- 让学生齐答或自由答:47.48%
- 叫未举手者答:18.67%
- 叫举手者答:18.33%
- 提问前先点名:8.22%
- 鼓励学生提出问题:7.38%

图 4-12 学生回答的方式分布图

- 集体齐答:35.55%
- 个别回答:35.33%
- 自由答:13.85%
- 讨论后汇报:11.96%
- 无人回答:3.39%

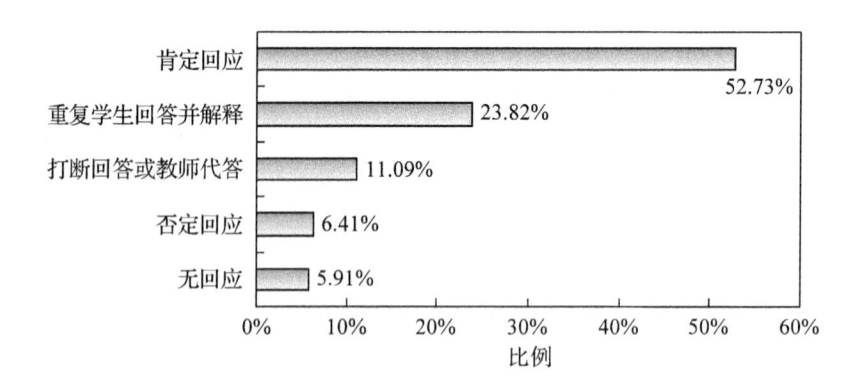

图 4-13 教师回应的方式分布图

通过计算教师类型与对话方式中的各种行为的相关性发现，教师类型与提问前先点名比例在 0.01 水平上呈显著正相关（相关系数为 0.308），与讨论后汇报比例在 0.05 水平上呈显著正相关（相关系数为 0.206），与集体齐答或自由答比例在 0.05 水平上呈显著负相关（相关系数为 −0.177）。这表明，成熟型教师更善于在提问前先点名，并经常提出一些难度相对较大的问题，让学生在开展讨论后进行汇报交流。而新手教师则更倾向于集体齐答或自由答，这一方面反映出问题的难度不够大；另一方面也反映出教师控制课堂的程度比较高，这样做的结果将导致问题暴露不够，个体差异未被充分关注。

·结论与建议·

课堂教学行为作为课堂中的重要存在，直接关乎学校教育质量的提高与新课程改革任务的落实。随着社会对教育的日益关注以及教学理论与教学实践研究的不断深入，"课堂"吸引了众多学者的目光，成为一个重要的研究场域（王姣姣，2009）。我们通过对河北、河南、辽宁、安徽四省的128 节课例在综合运用 S-T 分析方法、问题类型分析方法和课堂对话方式分析方法进行深入分析的基础上发现，目前高中数学课堂的教学行为具有以下特征。

第一，课堂行为结构出现了显著的对话特征。

课堂中教师和学生的行为比例基本相当，教师能充分调动学生学习的积极性，使学生在课堂中拥有很高的参与性，很好地实施了以学生为中心的教学理念。课堂中的师生互动接近"对话"水平，教师能够注重不断变换行为主体，增强师生互动，其中新手教师的课堂互动性更高。建构取向的课程实施观认为，在课堂教学中，学生获得知识的过程并不是消极、被动的，而是积极、主动的，是教师和学生通过对话，将课程知识转化为特定的表述形式，并对其加以内化和理解，从而生成新的知识和意义的过程（吉标等，2005）。可见，课堂行为结构中的师生对话对于学生的知识建构具有重要意义。

第二，课堂对话行为出现了高频率与浅层次的特征。

在课堂中，教师平均每 95 秒就会向学生提出一个问题，但是教师之间的差异较大。在提出的问题中，"是何类问题"约占全部问题的一半，"若何类问题"的比例最低，仅为 10.15%。其中，年级越高，"是何类问题"的比例越低，而"若何类问题"的比例越高；在"是何类问题"比例较高的课堂中，师生行为转换率也较高，而且新手教师提出的"是何类问题"比例最高；"如何类问题"和"若何类问题"比例较高的课堂，其师生行为转换率较低。研究表明，发散性问题更能引起学生的深入思考和广泛关注（张敏霞等，2010），同时，教师的提问类型在很大程度上影响学生的高水平知识建构，尤其是教师教学组织行为中提出的深度问题数量对学生的高水平知识建构有很大的促进作用（杨惠等，2009）。这里的深度问题在"四何"问题中，指的是"为何类""如何类""若何类"的问题。根据教学互动层次塔理论（陈丽，2004）可以发现，目前课堂教学中出现的高频率与浅层次对话行为实际上体现的是高信息互动。课堂教学不应单纯追求高信息互动，而应追求有效、有意的概念互动,即学生新旧概念之间的互动。

第三,尚未出现显著的以学生的观点引领和发展课程的教学行为特征。

教师提出问题后,有将近一半的问题选择让学生集体齐答或自由答,新手教师课堂中齐答或自由答的比例更高;讨论后汇报的比例为11.96%,成熟型教师在这方面做得更好;教师鼓励学生提出问题的比例非常低。对于学生的回答,教师给予的肯定回应约占一半,存在一定的打断学生或教师代答、重复学生回答并解释的现象。这反映出目前的课堂教学仍是由教师通过大量自设的问题来引导和控制学生的学习过程。而新的课程标准特别指出,教师要创设适当的问题情境,鼓励学生发现问题并探寻问题解决的途径,使学生经历知识形成的过程。因此,课堂对话的主体或问题的发起权应还给学生,而这时教师要做的是根据学生的观点引领和发展课程。这不仅需要教师转变教学观念,而且教师的课堂实施策略与技术也需要改进与发展。

建议高中教师以改变课堂对话问题类型设置及对话发起者为切入点,实施课堂教学行为的转变。

①建议开展基于问题的教学设计的理论探索与实践。例如,可以通过调整"四何"问题的比例进一步改善课堂师生互动的质量,适当降低"是何类问题"的比例,提升"如何类问题"和"若何类问题"的比例,并给予学生适当的讨论问题的机会。新手教师在继续保持高互动性的同时,更要注意从问题的类型比例、提问时挑选回答问题的方式等方面提升互动的质量,同时教师培训者应努力提升新手教师的设问能力与水平。同时,教师要在课堂中鼓励学生提出问题,给予学生足够的表达观点的机会与自由,并培养学生倾听其他同学发言的习惯与能力,创建更加民主的课堂。

②建议开展有关生成性课堂实施策略的研究与实践。特别是在信息化的教学环境中,在信息技术(如交互式电子白板等)的支持下,教师可以运用基于资源的多分支型课堂讨论教学法(王陆,2010),基于再生资源的案

例教学法(张敏霞,2010),实现非线性教学,并为学生提供各种学习支持服务,从而有效地支持新课程改革理念引领下的高动态性与高生成性课程。

本研究借助多种技术支持工具对大样本的课例进行了课堂行为分析研究,捕获了教学行为的一些特点,但是所分析的教学行为都是可直接感知的显性课堂教学行为,对于不易感知的隐性课堂教学行为还需要通过开展与师生的深入反思与对话等途径获取。课堂教学行为分析作为一种绩效评估方法,其目的不仅在于获取课堂教学行为的特点与表现,更在于引起教师的深入反思,并以此作为改进教学实践行为和教学效能的依据,促进教师的专业发展。

分享观点

理性看待课堂观察方法与技术

近年来,课堂观察在课堂研究中被广为运用,并取得了一些成效,但同时也显现出一些问题,甚至引来一些质疑的声音。例如,有些教师反映课堂观察得到的数据让人感受到科学的"冰冷",一节课被解构得过于细碎而让人难以接受,有些分析方法给出的常模并不一定适用,等等。许多课堂观察的研究者开始进行更加理性的质疑与反思。

·来自教师的困惑·

上海教育科学研究院教师发展研究中心的严加平(2011)总结了教师在使用各种工具、技术进行课堂观察时出现的困惑,并就这些问题进行了深入思考。

困惑一：课堂是否被碎片化了？

课堂观察，从某种程度上讲是对课堂的精细化解构。我们常常会听到各观察者(组)相互独立的观察数据，而它们之间的联系和意义的建设对于只关注自己这部分的观察者来说是很难轻易把握的。因此，教师会担心："这样的观察是否丢失了整体性？"

思考一：课堂观察既要见树木，也要见森林。

我们要寻找一种工具，能在观察"碎片"之间建立有效联结，在碎片化之上浮现出新的、更有意义的层级，并将它们统整起来。传统的听评课在对课堂教学整体性把握上有可取之处，应将其与课堂观察结合起来，将定量与定性的方法结合起来，避免"只见树木，不见森林"的问题。

困惑二：观察者的知觉判断与经验智慧如何发挥作用？

带着各自经验进入课堂的观察者，经验可帮助观察者认识和判断师生行为背后的内容，经验也会在课堂观察过程中得到唤醒、反思和比较。但是，观察工具的使用在一定程度上破坏了经验在课堂上的参与，这可能会使观察者被局限在观察工具对应的范围内，大大影响了经验的发挥。综上观察者的知觉判断与经验智慧该如何发挥作用？

思考二：借助工具，不等于舍弃教师经验的参与。

首先，从某种程度上讲，观察者本身就是"工具"，而且是"有思想的工具"；其次，观察者可以结合自己的经验和认识，改造已有工具，而这时的工具就有了观察者经验的参与；最后，对于收集到的信息的分析，也同样需要教师的经验参与，体现教师的专业判断和智慧。

困惑三：什么决定了观察工具的选择和使用？

完整的课堂观察可以使一节课被技术性地"全息再现"，但是每一次的课堂观察都需要这样吗？应该聚焦在哪里？观察内容与观察工具、研究主题与观察内容之间有着怎样的关系？

思考三：研究主题与观察内容比工具先行。

观察工具只是实现课堂观察的手段，观察者需要明晰观察内容、目的和待解决问题后，再对所需工具进行合理选择。

·来自校长的经验·

江苏省铜罗中学严卫林校长(2010)从学校领导者的视角出发，指出了一些学校在开展课堂观察时出现的不良倾向，并指出了课堂观察的正确走向，这对于开展课堂观察实践，并实现可持续发展来说无疑是一剂预防针。课堂观察要谨防以下"五大不良倾向"。

提示一：避免"贵族化倾向"，应走向"大众化"。

"贵族化倾向"指的是在一些学校，课堂观察成为个别精英教师的专利，变成仅供人观赏的"盆景"，而大多数教师成为学校课堂观察的旁观者和边缘者。学校应该本着全体教师共同发展的思想，由点及面，层层深入，步步推进，使课堂观察成为每一位普通教师常用的研究课堂和改进课堂的方法之一，成为"大众化"的校本教研活动。

提示二：避免"运动化倾向"，应走向"常态化"。

一些学校的领导和教师在潜意识中认为搞课堂观察烦琐，会浪费时间，存在严重的畏难情绪，只在遇到检查或参观时才仓促应战，而在日常的听课、评课活动中排斥这种方法，使课堂观察变成搞"运动"。要使课堂观察成为"常态化"的活动，既离不开学校领导的高度重视和合理考评机制的建立，也离不开教研组长的带头示范与精心组织，更离不开教师观念的转变，即让他们认识到课堂观察既是改进课堂教学行为的需要，也是自身专业成长的迫切需要。

提示三：避免"形式化倾向"，应走向"内涵化"。

课堂观察要真正做到以校为本，深入研究，不能走形式主义的老路，不能对一线教师迫切需要解决的课堂教学问题视而不见。课堂观察必须求真务实，走内涵发展之路，教师要通过课堂观察深入研究教学过程，认真总结教学改革的经验，科学地找出课堂规律，使课堂教学精益求精，不断朝良性方向发展，努力解决负效、无效、低效的问题。

提示四：避免"功利主义倾向"，应走向"实用化"。

许多学校在课堂观察中存在严重的功利主义倾向，使课堂观察沦落为扩大学校自身知名度的工具。为了确保课堂观察的有效推进，学校要建立课堂观察研究制度，规范学校的校本教研活动。

提示五：避免"模式化倾向"，应走向"个性化"。

一些地方的课堂观察搞"一刀切"，不管学校的学情和教师的教情，完全照搬他人的模式。而事实上，由于背景、文化、基础等存在差异，课堂观察的方式、方法也要因人而异，应该引导教师选择合乎实际的手段和具体方式。学校应指导教师百花齐放，不拘一格，并鼓励教师开拓创新，真正在有效性上下功夫。

·来自旁观者的质疑·

东北师范大学附属中学的高级教师夏维波（2011）在研读了《课堂观察——走向专业的听评课》一书之后，认为定量的课堂观察走进了科学主义的误区，存在科学主义、解构主义、功能主义倾向。

倾向一：科学主义倾向。

定量的课堂观察太注重量化、量表，科学主义和理性主义的味道极浓。科学主义近似科学但不是科学，真正的教育科学是解放人，使人获得自由的价值和体验。

倾向二：解构主义倾向。

科学主义的课堂观察会带来一定的不良后果：一节课被量表、指标分解得支离破碎，各个观察的视点不是一节课最为有力的切入点，而是一种分割、切碎。一节课的结果不过是人文气息消解殆尽，终极关怀烟消云散，人的生命意识被阉割，而生存的可能性更无从谈起。

倾向三：功能主义倾向。

观察者只观察限定的维度、限定的问题，观察分工可能存在知觉功能上的割裂现象。

夏维波指出，科学主义的听评课会带来这样的结果：①感受缺失。课堂观察如果缺少了感受，也就不会产生审美愉悦，从而会蜕变为一种教学负担，也就不具有长久的生命力。②灵性被束缚。当教师了解了观察者的观察意图后，可能会将观察意图转换为一种教学诉求。太细化的教学听评课会限制教学主体性的发挥，从而束缚教学的灵性。③视点散化。长期的规训会使教师头脑中只有量表，而丢失了自我。

·来自研究者的反思·

陈瑶在 2002 年出版了我国首部课堂观察的著作——《课堂观察指导》，时隔九年，陈瑶（2011）对课堂观察进行了理性地质疑与反思，提出课堂观察具有一定的限度，并且还存在着一些问题。

课堂观察的内在限度：难以反映课堂生活的全貌。

由于观察工具的限制，观察者看到、记录到的只是部分的课堂事实。定量的观察较少考虑背景因素，视角单一，只对预定的类目进行记录，而忽视其他因素；定性的观察记录水平与观察者个人的经验、描述能力和相关的理论水平有很大的关系，主观性和个别性较强，反映的只是一己视角下的课堂面貌。由于教育现象本身就是多方面的、复杂的、综合而整体的，课堂中多种因素交织、流动、变化，课堂观察很难做到穷尽课堂中的一切信息，同时，详尽的课堂观察框架仅通过单人单次或有限人次的观察也难以观察到框架所预设的所有类别。从某种程度上说，这是课堂观察的先天局限。

课堂观察的外在限度：影响课堂内学业成就的原因，很大程度上在远离课堂的地方生长着。

课堂研究可以在一定程度上说明课堂的问题，却难以说明影响课堂的社会因素问题。在教师的教学水平达到一定的程度，基本的教学条件具备后，教师水平、技巧和课堂中物质条件等因素并不构成教学质量问题的关键，课堂之外社会的、家庭的、环境的因素才是深层次发生影响的重要因素。以课堂观察为主要技术的课堂研究，对于教师提高课堂技艺，以及学生改善课堂行为确实有效，但教育质量的整体提高仅通过这种局部的、微观的研究是难以彻底达成的。

课堂观察的理论表浅化：课堂观察不仅仅是教育的观察，更应当是一种教育学的观察。

"教育的观察"指的是偏向于教育事实的罗列，而"教育学的观察"则是要依据一定的教育理论和假设来对观察的事实做出分类和解释。基于教育学的课堂观察有助于教师更好地理解自己的课堂行为，并拓展教师对课堂进行分析的概念框架。

课堂观察的专业性欠缺：系统、科学的课堂观察工具依然缺乏。

课堂观察作为一种科学的研究方法，其工具的有效性、可靠性是必须加以考虑的，而现有观察工具的信度、效度等问题却经常被人们有意无意地忽视着。系统、科学的工具的缺乏，会使资料的分析和解释环节陷入困境，这是课堂观察过程中最为薄弱的环节。此外，若缺少大样本的数据汇总和相关性研究去描绘课堂的整体面貌和平均水平，则会难以得出有效课堂行为的相对标准供教师参考。

·来自我们的反思·

我们团队开展课堂观察研究已近十二年，除了经常深入全国各地的中小学进行课堂观察实践与培训外，还将很多课堂观察方法开发为独立软件工具或在线分析系统，致力于将课堂观察方法与技术向更多的教师推广，并切实引领教师实现专业发展。我们的反思如下。

课堂观察以促进教师的专业发展为目的。走向专业化的课堂观察模式的原则是整体性原则、重点性原则、联系性原则、学科化原则、人本化原则、简洁化原则。不同的观察诉求决定着不同的观察类型、观察策略和观察维度。专业化的课堂观察是基于症结的观察、基于学习的观察、基于研究的观察、基于选拔的观察。

只有将课堂观察用于提炼教师的教学特点、发现教学中的问题，从而促进教师的专业发展，才有可能让被观察教师放下包袱，客观地观察与诊断课堂，教师们才能因此形成一个课堂研究共同体，从而彼此真正受益。

课堂观察要综合运用多种观察方法，并与其他研究方法共同使用。任何一种课堂观察方法与技术都只能观察到课堂中的部分因素，且均具有局限性，要想对课堂进行全面综合的诊断与分析，就必须综合运用多种课堂观察方法。此外，在进行课堂观察时还可以与其他研究方法共同使用。

校本研修机制的建立是持续开展课堂观察的有力保障。课堂观察是一个需要长期进行的过程，而要想持续地开展课堂观察，就必须依赖于校本研修机制的建立。学校只有建立起长期的相对稳定的校本研修机制，才能使课堂观察成为常态，才能获取更多、更细致的课堂观察数据。例如，学校在对某个学科进行较长时间的课堂观察后，可以对所获得的数据进行统计分析，从而获得该校在该学科上的教学行为的常模与标准差，为后续的课堂教学研究提供参考。

参考文献

国内文献

[1] 蔡宝来，车伟艳．国外教师课堂教学行为研究：热点问题及未来趋向．课程·教材·教法，2008．

[2] 陈丽．远程学习的教学交互模型和教学交互层次塔．中国远程教育，2004．

[3] 陈羚．国内外有关教师课堂提问的研究综述．基础教育研究，2006．

[4] 陈美玉．教室观察——一项被遗漏的教师专业能力（上）．研习资讯，1998．

[5] 陈瑶．课堂观察方法之研究．华东师范大学硕士学位论文，2000．

[6] 陈瑶．课堂观察指导．北京：教育科学出版社，2002．

[7] 陈瑶．课堂观察：限度及其问题．上海教育科研，2011．

[8] 陈逸群．关注课堂教学中的深度对话．现代教学，2011．

[9] 崔允漷．听评课：一种新的范式．教育发展研究，2007．

[10] 崔允漷，沈毅等．课堂观察20问答．当代教育科学，2007．

[11] 崔允漷，周文叶．课堂观察：为何与何为．上海教育科研，2008．

[12] 傅德荣，章慧敏．教育信息处理．北京：北京师范大学出版社，2001．

[13] 吉标，吴霞．课程实施：理解、对话与意义建构——一种建构取向的课程实施观．西南师范大学学报（人文社会科学版），2005．

[14] 顾泠沅．从一堂几何课看数学教育改革行动．上海中学数学，1999．

[15] 顾泠沅，周卫．课堂教学的观察与研究——学会观察．上海教育，1999．

[16] 顾泠沅．有效地改进学生的学习．数学通报，2000．

[17] 顾小清，王炜．支持教师专业发展的课堂分析技术新探索．中国电化教育，2004．

[18] 胡小勇．问题化教学设计——信息技术促进教学变革．华东师范大学博士学位论文，2005．

[19] 胡小勇，祝智庭．教学问题设计研究：有效性与支架．中国电化教育，2005．

[20] ［美］霍贝尔．原始人的法．严存生译．贵阳：贵州人民出版社，1992．

[21] 蒋鸣和．课堂教学研究的录像分析方法．现代教学，2004．

[22] 李锋．课堂观察：从"感性描述"走向"理性实践"．教育科学，2008．

[23] 林静，刘恩山．教师教学行为研究进展及启示．中国教师，2009．

[24] 邱微，张捷．课堂教学师生言语行为的实证研究．东北师大学报（哲学社会科学版），2006．

[25] 王陆，刘菁等．信息化教育科研方法：发挥技术工具的威力．北京：教育科学出版社，2008．

[26] 王姣姣．实践与反思：课堂教学行为研究——以六所中小学校为个案．湖南师范大学博士学位论文，2009．

[27] 王陆．交互式电子白板窗口模式与基于资源的多分支型课堂讨论教学法．中小学信息技术教育，2010．

[28] 王陆．教师在线实践社区COP的绩效评估方法与技术．中国电化教育，2012．

[29] 魏宏聚．教师教学行为研究的几个维度与评析．河南大学学报（社会科学版），2009．

[30] 夏维波．课堂观察应避免科学主义的误区：兼与《课堂观察——走向专业的听评课》的编者商榷．青年教师，2011．

[31] 严加平. 课堂观察工具：提升技术含量的背后. 基础教育课程, 2011.

[32] 严卫林. 课堂观察要谨防"五大不良倾向". 青年教师, 2010.

[33] 杨惠, 吕圣娟, 王陆, 王彩霞. CSCL中教师的教学组织行为对学习者高水平知识建构的影响研究. 中国电化教育, 2009.

[34] 杨玉东. "课堂观察"的回顾、反思与建构. 上海教育科研, 2011.

[35] 张爱军. 课堂观察之于教师研究：价值、困境与对策. 教育理论与实践, 2011.

[36] 张建琼. 教学行为研究的教学论意义. 教育理论与实践, 2004.

[37] 张敏霞, 司治国. 基于问题行为视角的网络教学案例分析——以"远程教育与网络教育实践"课程为例. 电化教育研究, 2010.

[38] 张敏霞. 不是缺少资源, 而是缺少发现资源的眼睛——论基于交互式电子白板的再生资源有效运用. 中小学信息技术教育, 2010.

[39] 张敏霞. 技术支持下的高中数学课堂教学行为研究. 中国电化教育, 2012.

[40] 周文叶, 崔允漷. 教师应如何进行课堂观察. 中小学管理, 2008.

[41] 周新丽. 信息技术与中学数学课程整合的案例研究. 首都师范大学硕士学位论文, 2003.

国外文献

[42] Flanders, N. A.. *Analyzing teaching behavior*. NJ: Addison-Wesley Educational Publishers Inc, 1970.

[43] Jonassen, D. H.. *Learning as activity*. Educational Technology, 2002.

[44] Mark Newman. PEPBL: Methodology working paper 6: *Flanders interaction analysis*. http://www.hebes.mdx.ac.uk/teaching/Research/PEPBL/methpap6.pdf.

[45] McCarthy. B.. *The 4MAT course book*. Barrington: EXCEL Inc, 1996.